日本史のなぜ？を解く200の裏事情

歴史の謎研究会［編］

青春出版社

歴史は、やっぱり舞台裏がおもしろい！

教科書に載っていない歴史の裏話を知っているのと知らないのとでは、興味や面白さがだんぜん違ってくる。さらに、事件や人物をめぐる〝裏のつながり〟がわかると、歴史の輪郭《りんかく》がくっきりと浮かび上がるように見えてくるものだ。

たとえば、明智光秀の謀反の動機をめぐる本当のナゾとは何か、江戸時代、夜空に打ち上げられた花火のスポンサーは誰だったのか、「桜田門外の変」の襲撃者たちは、どうして〝その日〟を決行日に選んだのかなど、その裏にあるエピソードを知ることで日本史の魅力を再発見できるだろう。

本書を読めば古代から現代まで、２０００年に及ぶ日本史のツボを1冊で総まくりできる。おもしろくて深くてよくわかる大人のための歴史教室である。

楽しくページをめくりながら、必要な歴史知識を自分のモノにしてほしい。

２０１９年9月

歴史の謎研究会

日本史の「なぜ？」を解く200の裏事情■目次

目　次

4 室町・戦国時代……101

特集1 戦国名勝負列伝……145

目次

目　次

特集2　日本史 事件の痕跡を追え！……359

写真提供■Ilarips / PIXTA
Dimec/shutterstock.com
DTP■フジマックオフィス
協力■新井イッセー事務所

1 古墳・飛鳥時代

お金が無い時代、どうやって ほしいモノを手に入れた？

今から1万年以上前の「縄文時代」の遺跡は日本各地で見つかっているが、なかには海岸から数十キロメートルも離れた内陸部の遺跡からその地域には生息するはずのない魚の骨がたくさん見つかるようなケースもある。これは、山間部で暮らす人々と、海沿いで暮らす人々との間で何らかの交流があったことを示している。

もちろん、貨幣など存在しない時代のことだ。人々は物々交換によって暮らしに必要なモノを手に入れていたことになる。

縄文時代の遺跡である竪穴式《たてあなしき》住居《じゅうきょ》や墓は大きさやその設備などどれもほぼ似たようなものだったことから、当時はこれといった貧富の差はなかったのだろう。

貧富の差がないということは、逆に支配することも、またされることもなく、人々は狩猟や採集で手に入れた食物を同じ立場で交換していたと考えられる。

やがて縄文末期の紀元前4世紀ごろになると、大陸から日本列島へ多くの人々がやってきて稲作など大陸の進んだ文化が伝わり、日本は「弥生時代」を迎える。

そこでは収穫した米や食物をより多く蓄えた人や、稲作などの農作業においてリーダーシップをとる人が「首長」として権力を持つようになる。こうして徐々に身分や貧富に差が生じてくるのだ。

そうして支配がさらなる支配を生むようになり、全国に１００を超える首長を中心とした地域社会である「クニ」が生まれるようになると、弥生時代後期の２世紀後半にはそれらを強大な力でまとめていく存在が登場する。卑弥呼《ひみこ》を女王とする「邪馬台国《やまたいこく》」である。

強大な権力を持った邪馬台国では、政治や経済が整えられていく。領内で暮らす人々には税として種モミや絹織物を納めさせたが、これは日本初の租税制度といわれている。

また公に物々交換を行う場として「市」も開かれていて、人々は野菜をはじめとする農作物を交換して生活していたと考えられている。

「前方後円墳」はなぜ生まれ、どうして全国にひろまった？

日本で古墳がつくられるようになったのは、３世紀のことである。最初は円墳や方墳といったシンプルな形が多かったが、３世紀半ばごろからは巨大な前方後円墳が登場する。

仁徳《にんとく》天皇陵などで有名な、あの〝鍵穴〟の形をした墳墓だ。

前方後円墳が全国でつくられるようになったのは、大和《やまと》政権の成立と関係がある。この政権が成立した正確な年代はいまだに特定されていないものの、その手がかりが前方後円墳に隠されているのだ。

古墳はかねてから有力者の墳墓としてつくられていたが、それは地域ごとにそれぞれ違ったスタイルのものだった。ところが、3世紀半ばごろからは前方後円墳という形に統一されてきたばかりでなく、副葬品や埋葬のしかたにも共通点が現れてきたのである。

これは、それぞれの地域の首長たちに交流がなければ起こる現象ではない。

つまり、彼らの間には政治的なつながりが生まれていたと考えたほうが妥当であり、そこには大きな統率力をもった政治的支配者の存在があったはずである。すなわち、それが大和政権だったというわけだ。

大規模な前方後円墳は近畿地方に多く見られ、このあたりの勢力が大和政権の成立に大きくかかわっていたとみられる。

大和政権は吉備《きび》や筑紫《つくし》など、地方の勢力とも関係を結ぶことで支配権を拡大していった。

前方後円墳が各地に広がっていったことは、そのまま大和政権の力が各地に拡大していったことを象徴しているといえるだろう。

大和政権はどういう経済基盤を持っていたのか？

貨幣がつくられて「金」というものが世の中で使われるようになる以前にも、やはり経済社会というものはあった。日本に統一王朝が生まれたのは、初めて貨幣が造られるよりも前の時代だが、そのころにはすでに国としての支配体制を支えている経済基盤が存在していたのだ。

では、それはどういうものだったのだろうか。

その基本となったのは、主食である稲だ。そして、稲を基本にした社会経済をつくるうえで重要だったのが「屯倉《みやけ》」である。

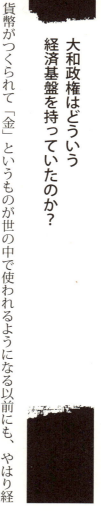

屯倉とは、「大化の改新」により改新の詔《みことのり》が出されて、政治が一新するよりも前の時代に大和朝廷が所有していた直轄地のことだ。

具体的には、稲を納めておく倉を中心にして広がる耕作地のことで、大和朝廷は、この屯倉と、それを耕す耕作民を所有していたのである。そして、この屯倉から収穫される稲を納めさせることで財政基盤としていたのだ。

4〜5世紀には、屯倉はおもに大和朝廷の中心地に近い場所にあったが、土地の開墾事業が進むにつれて近畿地方全体に広がっている。

そして、さらに継体《けいたい》天皇の時代（507〜531年）になると、近畿地方以外にも新たな屯倉ができるようになる。それらをつくったのは、地方の豪族たちだった。

自分の土地を持ち、そこからの収益によりしだいに力をつけてきた豪族たちは、大和朝廷へ寄進などを行うことで関係を良好に保つ必要があった。そのために、地方での屯倉の整備が進んだのである。

地方の屯倉から大和朝廷へ貢納されたのは、稲だけではなかった。その地方で収穫された農作物、衣料品、あるいは鉄や鉄製品などもあった。各豪族は屯倉を利用してそれらを集め、朝廷に納めたのである。

そのため、屯倉を管理するための算術を身につけている者や、優れた貢納品をつくるための技術者を求めて、豪族たちは大陸からの渡来人を積極的に受け入れるようになっていく。それら渡来人がさまざまな文化を持ち込んで、古代社会におけるいろいろな発展に寄与したのである。

そして、屯倉に基づいたこのシステムが整っていくことで、大和朝廷を中心とした中央集権国家としてまとめられていったのだ。
まさに、経済機盤が整うことによって国家の形が築かれていったというわけだ。

筑紫野国造・磐井は、なぜ大和朝廷に反旗を翻した？

政治連合を結成した中央の豪族たちは、大王《おおきみ》を中心とした組織をつくっていった。豪族たちには氏《うじ》・姓《かばね》という身分が与えられ、国政で重要な役割を担う者は大臣《おおおみ》や大連《おおむらじ》と呼ばれた。また、地方の豪族は、国造《くにのみやつこ》、県主《あがたぬし》、稲置《いなぎ》としてその地の支配を命じられる。

また、朝廷や豪族に労働力を提供したり物品を納める部民《べのたみ》が生まれ、朝廷の直轄地である屯倉が各地に設置された。こうして、大王を頂点とする支配体制が整えられていったのである。

ところが527年、北九州に勢力を持っていた筑紫国造《つくしのくにのみやつこ》磐井《いわい》が大規模な反乱を起こした。きっかけは、大和政権の朝鮮半島出兵計画だ。

このころ新羅は朝鮮半島南端の任那《みまな》へ進出してきており、日本は任那を拠点として朝鮮半島とつながりを持っていた。そこで、ここが新羅《しらぎ》におさえられることは避けたいという理由で、朝廷は大軍を派兵することを決定したのである。

しかし、大和政権軍は半島へ渡る前に足止めを食らってしまう。前述のように筑紫国造磐井が反乱を起こしたからだ。一説には、新羅が筑紫国造磐井と手を結び、大軍を阻止しようとしたのだという。そこで討伐軍を組織し、反乱の鎮圧に赴くことになる。戦いは1年以上にも及んだというが結局、大和政権側の勝利に終わった。

ただし、筑紫国造磐井が反乱を起こした理由には、ほかの説も考えられている。

北九州は朝鮮半島に近く、出兵の際には常に人や物資の供給地となっていた。その負担があまりにも大きいため、不満が爆発したということである。

また、この時代はまだ地方豪族の力も強く、地方は豪族による間接統治だったといってもいい。だが、屯倉の設置などにより中央の支配が拡大していたため、自分の地位が危うくなるのではないかという不安が反乱の芽を育んだともいわれている。

そもそも仏教が日本に入ってきたきっかけは？

仏教は、紀元前6～5世紀にインドで生まれた。それが、長い年月をかけてアジアの各地に広まっていくのだが、日本へは西域・中国・朝鮮半島を経由したルートを通って、北方仏教の流れを汲む仏教が伝えられている。

仏教伝来の年代は５３８年と５５２年のふたつの説があるが、現在では『元興寺縁起《がんごうじえんぎ》』や『上宮聖徳法王帝説《じょうぐうしょうとくほうおうていせつ》』などに記された５３８年説が有力視されている。というのも、これらは、５５２年説を唱える『日本書紀』よりも古い史料をもとにして書かれたと見られているからだ。

日本に仏教をもたらすきっかけをつくったのは、百済《くだら》の聖明王《せいめいおう》だ。聖明王が、日本の欽《きん》明《めい》天皇に仏典や仏像を贈ったのが始まりだという。

当時の百済と日本は協力関係にあり、その友好の証に仏教を伝えたと見ることができるだろう。

朝鮮半島で勢力を増していく新羅に対抗するためには、日本との協力関係が必要だった。より強固な関係を築くための〝贈り物〟という意味合いがあったとしても不思議はない。

だが、日本にはじつはもっと以前から仏教が伝わっていたという見方もある。

なぜなら、朝鮮半島からは文化や技術の流入だけでなく、渡来人も多かったからだ。彼らは、移住してからも自国に広まっていた仏教を信仰していたことは十分に考えられる。

となると、仏教の伝来はもっと早いことになるのだが、これは正規の記録に残っていないために証明することはできないのである。

「蘇我氏」が台頭できた理由をひと言でいうと？

6世紀に入ると、朝廷で急速に勢力を伸ばしてきた一族がいた。蘇我《そが》氏である。

一方、軍事や警察を担当し、蘇我氏と並ぶ勢力を誇ったのが物部《もののべ》氏だ。両者はことあるごとに反目し、特に仏教をめぐっては物部氏は否定派、蘇我氏は受容派と意見が真っ二つに割れ、いっそう激しく対立していったのだ。

かつては小豪族だった蘇我氏が、なぜ急に台頭してきたのか。その理由はいくつか考えられる。

ひとつは、天皇との縁戚関係を結んだことである。蘇我稲目《いなめ》や馬子は自分の娘を天皇に嫁がせ、その間に生まれた子どもも次々と皇位に就かせたのだ。こうして外戚《がいせき》となった蘇我氏は天皇に対する発言力を強め、政治的な権力を増していったのである。

また、蘇我氏は屯倉を管理する任務に当たっていたのだが、ここで手腕を発揮し、支出入の管理だけでなく、天皇が行うべき屯倉の設置まで任されるようになった。つまり、朝廷の財政を一手に引き受ける立場にまで上りつめたのである。

さらに、渡来人の漢氏《あやうじ》とのつながりも見逃せない。漢氏は手工芸、とりわけ製鉄や武器の生産に携わっていた百済系の一族だ。

蘇我氏は先進的な大陸文化を取り入れることに積極的で、漢氏を重用していたため、彼らを通じて外交分野でもおおいに力を伸ばしていった。漢氏の進んだ知識はまた、財政を管理する面においても非常に役に立ったのだという。

ところで、蘇我氏と物部氏の権力闘争はどうなったのか。５８７年、ついに蘇我馬子が長年の宿敵だった物部守屋《もりや》を滅ぼし、朝廷は蘇我氏の天下となる。そして蘇我氏の主導で仏教の普及も進むことになった。

聖徳太子の摂政就任をめぐって水面下で何が起きていた？

聖徳太子《しょうとくたいし》といえば、「10人の話をいっぺんに聞き、それに答えた」など、さまざまな伝説を持つ人物だが、歴史の中で大きな位置を占めるようになるのは５９３年のことだ。この年、摂政《せっしょう》に就任したのである。

摂政は天皇に代わって政治を行う重要な役職である。聖徳太子をこの摂政に任命したのは日本初の女帝、推古《すいこ》天皇だ。

じつは、推古天皇が即位した背景には複雑な事情がからんでいる。

推古天皇の先代は崇峻《すしゅん》天皇だったが、これを推薦したのは伯父である蘇我馬子《そがのうまこ》だった。馬子にしてみれば、自分の傀儡にすぎないと考えていたのだろう。しかし、崇峻天皇はその地位に甘んじている人物ではなかった。

ある日、献上された猪を見て、崇峻天皇は「この猪の首を落とすように、あの嫌な男の首を切りたいものだ」と語ったのだという。嫌な男とは、もちろん馬子のことだ。これを伝え聞いた馬子が、崇峻天皇を暗殺してしまったのである。

天皇暗殺という事態に朝廷は動揺した。次の天皇は蘇我氏と対立せず、なおかつ政治にも明るい人物でなければならない。そこで、白羽の矢が立ったのが炊屋比売命《かしきやひめのみこと》（推古天皇）だった。

馬子の姪に当たり、欽明天皇の娘で敏達《びだつ》天皇の后でもあったという理由からの推挙で、また、女帝であれば波風も立つまいという思惑もあったと思われる。

推古天皇は即位するや、甥の聖徳太子を摂政に据えた。血縁関係があったという安心感もあるだろうが、なにより彼の聡明さが買われたのだろう。

聖徳太子の「冠位十二階」に秘められた意図とは？

摂政になってから10年後の６０３年に聖徳太子は「冠位十二階《かんいじゅうにかい》」を制定する。これは、徳《とく》、仁《じん》、礼《れい》、信《しん》、義《ぎ》、智《ち》の６つをそれぞれ大小に分けて12の階とし、冠の色と飾りで位を表したものだ。

冠位十二階が制定されたのには、いくつかの背景が考えられる。

まず、この時期には内政を充実させる必要があった。朝廷の支配が拡大するにつれ、政治の仕組みも繁雑化してくる。朝廷の力を盤石《ばんじゃく》にするには、もっと効率的で系統だった新しい秩序が求められたのである。

さらに、改革を進めるためには有用な人材が必要だ。冠位十二階には、それを目的とした画期的な意図が含まれていたのだ。

それまでの氏・姓は世襲のものだったが、冠位は個人に与えられるものだ。しかも、家柄に関係なく功労のある者に授与されるだけでなく、その働きによって位が上がっていくのである。

聖徳太子は身分や家柄だけで無能な者が幅をきかせる体制を見直し、才能ある人材を登用していこうと考えたのだった。

こうして、豪族たちが官吏へと組み込まれていく冠位制度の基礎が築かれたのである。

なぜ聖徳太子は法隆寺を建てることを思いついたの？

日本に伝えられた仏教はしだいに信仰を集め、7世紀の初頭には飛鳥を中心に多くの寺社も建てられるようになった。中国や朝鮮半島の影響を受けたこのころの文化は、「飛鳥《あすか》文化」と呼ばれている。

この飛鳥文化を代表する建造物のひとつが、世界文化遺産にも登録されている法隆寺（斑鳩寺《いかるがでら》）だ。ここに納められている本尊の薬師如来に記載されていた年代から、寺が建てられたのは607年ごろと見られている。

法隆寺は聖徳太子によって建立されたと伝えられているが、なぜ太子はこの計画を思いついたのだろうか。はっきりしたことはわかっていないものの、ひとつには父である用明天皇の病気平癒《へいゆ》祈願があったのではないかと推測されている。

仏教伝来当初、蘇我氏と物部氏の間では仏教を認めるか否かで争いが起きていたが、用明天皇は天皇としては初めて仏教を受け入れることを明言した人物だ。病気がちだったため、仏に救いを求めたのである。

そんな父親を見ていれば、聖徳太子が病気平癒を願って寺を建立しようと思うのもなんら不思議はない。ただ、残念ながら用明天皇は５８７年に亡くなっており、彼の存命中には寺院建立は実現しなかった。

法隆寺は飛鳥から20キロほど北西に位置する斑鳩にある。聖徳太子は６０１年に飛鳥を離れてこの地に移り住んでおり、自分に身近な場所に寺を建立したのだろう。

ちなみに、朝廷の置かれている飛鳥は蘇我氏の本拠地でもある。その勢力から距離を置くために聖徳太子は斑鳩に移ったのではないかともいわれている。

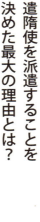

遣隋使を派遣することを決めた最大の理由とは？

聖徳太子がさまざまな改革を行っているころ、大陸の情勢は大きく変わっていた。中国では１５０年にもわたって南北朝の分裂が続いていたが、５８９年、隋《ずい》の初代皇帝である楊堅《ようけん》（文帝《ぶんてい》）がそれを治めて統一を成し遂げたのである。

日本は607年に小野妹子《おののいもこ》を使者として隋に派遣することを決めたが、これが「遣隋使」の始まりである。朝廷に遣隋使派遣を決意させたのは、朝鮮半島の3国――高句麗《こうくり》・新羅・百済の動向を知ったことにある。

強大な隋を前にして、新羅と百済は早々とその勢力下に入ることを決めた。一方、高句麗は果敢に戦いを挑んだものの、あえなく敗北を喫してしまう。

これを見た日本は、強大な力を持つ隋と親交を持つことは朝鮮半島に対して優位な立場を保つことになるだろうと考え、長い間中断していた中国王朝との交流を再開したのである。

ここで重要なのは、日本が隋と対等な立場で外交に臨んだということだ。それがよく表れているのが、小野妹子が携えていった「日出ずるところの天子、書を日没するところの天子にいたす。つつがなきや」という国書の文面だ。これを読んだ隋の煬帝《ようだい》が、「なんと無礼な物言いだ」と怒った話は有名である。

もちろん、遣隋使の目的はこれだけではない。隋の進んだ文化や制度を朝鮮半島経由ではなく、直接手に入れるということも重要だった。

ちなみに、遣隋使が何回派遣されたかについては諸説ある。

『隋書』によれば、すでに６００年には倭王が使者を遣わしてきたという記述があるが、日本にはこの記録が残っていないため、正式な遣隋使は６０７年が最初ということになっている。

遣唐使派遣の決め手になった留学生の〝帰国報告〟とは？

中国の統一を成し遂げた隋だったが、わずか30年ほどで王朝は崩壊してしまう。代わって登場したのが唐《とう》だ。６１８年に成立した唐は強力な中央集権国家をつくり上げ、その後３００年もの間、中国を支配していくことになる。

日本がこの唐に最初に使者を派遣したのは６３０年である。遣隋使の流れを受け継いだ形には見えるが、唐は隋を滅ぼして新たに成立した国家である。交流が途絶えても不思議ではない。しかし、帰国した留学生らが遣唐使の必要性を強く主張したことで派遣が決まった。

隋に留学生として派遣された人々は、隋が滅び、唐が興《おこ》る場面を目の当たりにしていた。そして、唐がどれほど優れた律令体制を敷き、中央集権国家を建設しているのかを実感していたのである。

なかでも、623年に帰国した薬師の慧日《えにち》は、「唐は見たこともないほど法整備が整った国です。絶対に国交を樹立すべきです」といった内容のことを天皇に奏上したという。こうした意見が受け入れられ、遣唐使が派遣されることになった。

ちなみに、この慧日は第一回遣唐使として再び唐の地を踏んでいる。その後、唐の政情不安などにより中断した時期があるものの、遣唐使の派遣は合計で19回にも及んだ（12回、15回という説もある）。そして遣唐使のもたらす情報は、日本にとって大きな収穫になった。

唐から学んだ律令制は、このあとの国家づくりの基礎となっていくのである。

権力から蘇我氏を引きずり下ろした乙巳の変の真相は？

物部氏を滅ぼしてからというもの、朝廷内ではますます蘇我氏の権力が強まっていた。馬子、蝦夷《えみし》、入鹿《いるか》と3代にわたって、権力をほしいままに操っていたのである。

しかし、盛者必衰は世の理だ。蘇我氏への権力集中を快く思わない者もしだいに増えていった。

その筆頭にあげられるのが、中臣鎌足《なかとみのかまたり》と中大兄皇子《なかのおおえのおうじ》だ。

遣唐使から話を聞いた中臣鎌足は、日本も唐のような律令制による中央集権国家に改革しなければならないと強く感じていた。そこで、同じ志をもつ中大兄皇子とともに、蘇我氏を一掃するクーデター計画を練り上げたのである。

計画が決行されたのは６４５年。朝廷で行われた朝鮮半島からの使者を迎える儀式の最中に蘇我入鹿が暗殺される。

蝦夷は屋敷にこもって戦おうとしたものの、勝ち目のないことを悟ると、屋敷に火を放って自害してしまう。これにより、蘇我氏は滅亡したのである。

この蘇我氏討伐「乙巳《いっし》の変《へん》」を皮切りに始まった一連の改革を「大化の改新」と呼ぶ。蘇我氏を排除して天皇家を中心とした中央集権国家をつくろうという意図によって行われた出来事だが、彼らに決行を決意させたのはある事件がきっかけだった。

当時、皇極《こうぎょく》天皇の跡を継ぐ候補としては、山背大兄王《やましろのおおえのおう》が有力視されていた。彼は聖徳太子の息子で、天皇家の期待も大きかったのだ。

ところが、これに反発したのが蘇我氏だ。彼らは先の天皇と馬子の娘との間に生まれた古人大兄《ふるひとのおおえ》皇子を推していたのである。

そこで、入鹿は山背大兄王を襲撃し、自害に追い込んでしまった。

ところが、この一件が蘇我氏に対する豪族や天皇家の反発心を猛烈にあおる結果となったのである。これ以上、蘇我氏を野放しにはしておけないという気持ちが蘇我氏討伐を実行させたのだった。

その後、孝徳《こうとく》天皇が即位して翌年には大化の改新の詔が公布され、中大兄皇子や中臣鎌足を中心とした改革が行われていくことになる。

ただし、大化の改新には異説もある。中大兄皇子や中臣鎌足は実行部隊で、黒幕は孝徳天皇だったのではないかというのだ。

当時、孝徳天皇には、蘇我氏の援護を受けた古人大兄皇子というライバルがいた。皇位継承権と政権奪取を目論んだ孝徳天皇が蘇我氏を排除させたのではないかというのだが、真相はわかっていない。

なぜ大和朝廷は、白村江の戦いで負け戦へと突き進んだのか

663年、日本は朝鮮半島南部の白村江《はくそんこう》に大規模な水軍を送り込み、唐と激戦を繰り広

げる。だが、唐軍の挟み打ちに遭った日本軍は、４００隻もの船と膨大《ぼうだい》な兵士を失って敗走することになった。これが「白村江の戦い」である。

日本が唐に戦いを挑んだのは、百済の滅亡がきっかけだ。

このころ、朝鮮半島の情勢は大きく混乱していた。高句麗《こうくり》・新羅《しらぎ》・百済《くだら》の３国は以前から勢力争いを展開していたが、高句麗と百済が手を結んで新羅を攻撃し始めたのだ。

新羅はこれに対抗するために唐に援軍を要請する。これを受けて唐はまず高句麗を攻めたものの、なかなか陥落しない。そこで、矛先を変えて今度は百済へと攻め入ったのである。

百済は持ちこたえることができず、６６０年に滅亡してしまうが、百済にはまだ残党が残っていた。そして、彼らは百済を復興させるべく、日本へと援軍を求めてきたのである。

この朝鮮半島情勢は、日本に大きな衝撃をもたらした。友好国だった百済が滅んでしまえば、日本は朝鮮半島への足がかりを失ってしまう。

それだけではない。さらに恐ろしいのは、唐と新羅の連合軍が百済を破った勢いに乗ってそのまま日本へと攻め込んでくるかもしれないことだった。

こうした理由から、日本は朝鮮半島へ派兵を決めたのである。友好国を救おうという気持ちよりも、自国を守りたいという意識のほうが強かった決断だといえる。

しかし、日本は敗れてしまった。そのため、中大兄皇子は西日本各地に城を築き、対馬や筑紫には防人《さきもり》を配置して、唐や新羅の来襲に備えた。また、都も近江の大津宮に移すほど用心したのである。

古代最大の内乱「壬申の乱」の引き金を引いたのはいったい誰？

６６８年、中大兄皇子は天皇に即位して天智《てんぢ》天皇となった。そして、「近江令《おうみりょう》」を出したり、「戸籍」をつくるなど、さまざまな改革を実行していく。このとき、天智天皇の片腕となって活躍したのが弟の大海人《おおあま》皇子である。

しかし、天智天皇没後の６７２年、大海人皇子は天智天皇の長子である大友《おおとも》皇子（弘文天皇）に反旗を翻す。反乱は地方豪族をも巻き込んだ内乱に発展したが、ついに大海人皇子が勝利を収め、次代の天皇の座を獲得したのである。これが「壬申《じんしん》の乱」だ。

なぜ、大海人皇子はこの乱を起こしたのだろうか。天智天皇と大海人皇子が額田王《ぬかたのおおきみ》を奪い合った話は有名だが、この三角関係が原因ではない。ことの起こりは、天智天皇が息子の大友皇子を太政大臣に据えたことである。

天智天皇は即位した際に、弟の大海人皇子を後継者に決めていた。大友皇子は天智天皇の第一皇子だったが母親の身分が低いため、皇位継承者とは見なされていなかったのだ。しかし、大友皇子が成長するにつれ、天智天皇は自分の息子に皇位を継がせたいと考えるようになった。

そこで、天皇に次ぐ地位となる太政大臣というポストに大友皇子を任命したのである。ショックを受けたのは大海人皇子だ。天智天皇と大海人皇子の兄弟の間には亀裂が入り始めた。

死の間際、天智天皇は大海人皇子に「あとを託す」といったと伝えられるが、大海人皇子は「自分は兄の菩提《ぼだい》を弔う」と出家し、吉野へこもってしまった。

このあたりは大海人皇子もしたたかだ。ここで「まかせてください」などと了解してしまえば、次期天皇の地位を脅かす謀反人として捕らえられてしまう危険があったからだ。

吉野に引きこもった大海人皇子は、虎視眈々とチャンスをうかがっていた。そして、天智天皇が亡くなると素早い行動に出た。

わずかな手勢で出発しながらも地方豪族に援軍を求め、その勢力は大きく膨らんでいった。天智天皇の強引な改革に不満を持っている豪族も多く、大海人皇子はその反感をうまく利用して自分の味方につけていったのである。

壬申の乱に勝利した大海人皇子は、翌年、天武天皇《てんむ》として即位することになる。

いつ、どんな理由で「日本」という国号は誕生した？

現在、私たちが用いている国名は「日本」である。しかし、古代には「倭《やまと》」や「倭国《わこく》」などという名称が使われていた。では、いったいいつ、どんなきっかけで「日本」という国名が誕生したのだろうか。

日本最古の正史とされている『日本書紀』が編纂されたのは７２０（養老４）年である。少なくともこの時期までには日本という名ができていたとされる。

そして、唐の正史のひとつである『旧唐書』には、もっと早くから日本という国名が使用されていたことが記されている。７０２（大宝２）年に遣唐使として遣わされた粟田真人《あわたのまひと》は、国名が日本に変わったと告げたのだという。

また、７０１（大宝元）年に制定された「大宝律令《たいほうりつりょう》」のなかでは「日本」の語が用いられているので、このころには日本の国名ができあがっていたことは確実である。

ただ、正確な年代となると諸説あり、たしかなところはわかっていない。とはいえ、そのなかでも有力視されているものがある。それは、６８９（朱鳥2）年に施行された「飛《あす》鳥《か》浄御原令《きよみはらりょう》」がきっかけだったのではないかという説だ。

飛鳥浄御原令は持統《じとう》天皇が制定した法律だが、前天皇の天武天皇の時代から編纂が進められていた。このなかで定められたのではないかというのだ。壬申の乱に勝利して天皇の地位を得た天武天皇は、この一大事を機に国名を定めた可能性がある。

もっとも、国名の由来については日の出の方向にある国を意味しているともいわれる。これは唐に対して、日の昇る東にあるということを強調しており、大化の改新のころに外交関係を重視してつけられたのではないかとのことだ。

いずれにしろ、日本が本格的な律令制を整えていく8世紀前後に国名も誕生したといえそうである。

初の計画都市「藤原京」へ遷都した本当の動機とは？

「藤原京」は６９４（持統8）年に持統天皇が造営した都だ。飛鳥時代には、天皇が変わるたびに遷都が行われていた。となると、都移転の直接の理由は天皇の代替わりということとになるのだろうが、藤原京にはそれまでの都と決定的な違いがあった。天皇が変わっても定住し続けた都だったのだ。

平城京や平安京に比べると教科書などでも扱いが小さいので、つい見過ごしてしまいがちだが、藤原京は日本初の計画都市である。

しかも、造営を実行したのは持統天皇だったが、そもそものきっかけをつくったのは前天皇である天武天皇だった。『日本書紀』によれば、684（天武13）年には天武天皇が新しい都の場所を決めていたのだという。藤原京は天武、持統の2代にわたる事業計画だったのだ。

遷都といっても、当時は天皇が移動しているだけで、豪族たちは自分の本拠地に住み、必要なときに朝廷に参上していた。朝廷の支配が拡大するにつれ、彼らも都の近くに集まるようになったが、中央集権体制を強化しようとする天武天皇にとっては、このスタイルではまだ不十分だった。そこで、天皇の住まいも政務を司る機関もひとところに集めてしまおうと考えたのである。

こうして造られた藤原京は、かつてないほどの大規模なものになり、天皇の住まいである内裏や儀式を行う大極殿などさまざまな役所などが置かれた。

また、注目すべきはその外側に碁盤の目のように区切られた区画に、官吏たちが住む場所が設けられていることである。官吏たちは半ば強制的にここに住まわされ、毎日役所へと通うことが義務づけられたのだ。これは、官吏が豪族の手を離れ、直接的に天皇の支配下に置かれたことも意味した。

藤原京をこのような構造にしたのは、ここを恒久的な都にしようという意図もあったからだ。実際、16年で平城京に遷都してしまうことにはなったものの、持統、文武《もんむ》、元明《げんめい》の3代にわたって藤原京は使われたのである。そして、これ以降の都市機能を持つ都の原型ともなっている。

国家の基本法典「大宝律令」ができる前後で世の中はどう変わった？

７０１（大宝元）年、文武天皇は「大宝律令」を制定する。長年の悲願であった国家の基本法典がようやく完成したのである。

この編纂で中心的な役割を果たしたのは、刑部《おさかべ》親王と藤原《ふじわらの》不比等《ふひと》だ。彼らは、学者、遣唐使、留学経験者、渡来人などを集めて法典を練り上げたのである。

大宝律令が制定されたのは、「飛鳥浄御原令」の改正がきっかけだったといえるのではないだろうか。というのも、律令制を確立するためには「律」と「令」の両方が必要なのに、飛鳥浄御原令には「律」が欠けていたのである。

「令」とは、国家の仕組みを中心としたもので、官僚機構から税の徴収までを扱った法令である。一方の「律」は、刑罰を扱う法令だ。こうした律令の考えは唐からもたらされたものだが、行政機構を整えるほうが急務だった日本では「令」が優先されたのだ。

もっとも、唐と日本では文化も習慣もまったく違う。唐の令をそのまま取り入れても日本の国情には合わないため、唐を参考にしつつも日本独自の改良が加えられた。それに対して律は、あまり手が加えられなかったようである。

行政の中心機関である太政官、それを執行する八省が設けられ、各地は中央から派遣された国司《こくし》・郡司《ぐんじ》が治めることになった。また、戸籍や課税台帳である計帳が作成され、人々は公民となって国を支える仕組みができあがっていく。

そもそも律令制を取り入れようという動きは、大化の改新のころから起こっていた。天智天皇や天武天皇も律令制に近づけるべく、さまざまな改革を行っているのだ。

とくに、自身が武力で政権を奪取した天武天皇は、同じ災いが自分に降りかからないようにするためにも中央集権国家を組織する法令を制定させる重要性を実感していたことだろう。こうして日本は律令国家の体制を整えていくことになったのである。

2 奈良・平安時代

藤原京を捨て去り、平城京への遷都を決定した経緯は？

国家の中枢機能が拡大するとともに都市の人口が増えるのは当然だが、大和朝廷も8世紀初頭には官僚機構が拡大し、ほぼ形が整い始めていた。そこで大和朝廷は、都をより広い場所に移すことを決断し、奈良盆地の北端の地に目をつけた。

新しい都は「平城京」と呼ばれたが、この名前は都が平城山の裾野《すその》に築かれたことに由来している。

平城京は南北4・8キロ、東西5・9キロにわたる都だが、面積に換算するとそれ以前の藤原京に比べると約3・5倍の面積を有するものだった。この都は東西南北にまるで碁盤の目のように道が置かれ、メインストリートにあたる朱雀大路《すざくおおじ》の道幅はなんと74メートルもあった。

このような大きな都をつくるきっかけは、当時交流が盛んであった唐の影響によると考えられている。

そのころの唐の都は長安にあったが、遣唐使から話を聞いた朝廷は大和にも同じように大きな都をつくりたいと考え、長安に真似て平城京をつくったのである。それを証拠に、平城京はそのレイアウトからして唐の長安にそっくりといわれている。

もうひとつは平城京付近が銅の産地だということだ。

平城京が完成してからしばらくして8世紀半ばに東大寺に有名な大仏殿が建立されるが、これも多量の銅を使用しているし、大和朝廷は７０８年に「和同開珎《わどうかいちん》」という国家認定の貨幣鋳造を始めたが、その貨幣の材料となる銅が豊富に採れる場所の近くに都を設置したとも考えられている。

奈良時代、ニセ金づくりを厳しく取り締まった裏事情とは？

偽札や偽硬貨などをつくると通貨偽造罪に問われ、懲役3年から無期懲役に処せられる。現代でもニセ金づくりは重罪だが、奈良時代にはもっと厳しい処罰が待っていた。

私鋳銭《しちゅうせん》、いわゆる偽貨幣をつくった者は謀反人と同じと見なされ、首謀者は斬首になったのだ。私鋳銭者に仕える者は官有の奴婢《ぬひ》に身分を落とされ、家族は流刑になった。

これほどの厳罰が決められていた背景には、当時私鋳銭が横行していたという事実がある。政府は709（和銅2）年の「私鋳銭禁止令」を皮切りに、何度も私鋳銭を禁じる法を出しているのだ。

私鋳銭が出回るということは、それだけ貨幣経済が定着してきたともいえる。しかし、当時の貨幣に実際の素材より高い価値がつけられていたことも要因のひとつだろう。安い原価で仕入れた素材で銭を鋳造すれば、いっそう利益率が高くなるというわけだ。

私鋳銭の中には粗悪品もあったが、かなり高度な技術によってつくられたものもあった。本来なら極刑になるべきところを、あまりにみごとなニセ金をつくったために足かせをつけて逃げられないようにして、政府の鋳造所で働かせたというケースもあったという。

ただ、正式に鋳造された貨幣の中にもずいぶんと粗悪なものもあったようなので、よけいに私鋳銭との区別がつきにくかったのかもしれない。

その後、禁令が浸透していくにつれ、うっかり私鋳銭をつかむと自分にも災いが降りかかるかもしれないと、民衆は銭を選り好みするようになる。

そして、貨幣の流通がスムーズにいかなくなるという弊害を生み出す結果となっていったのである。

『古事記』の行間ににじみ出るある思惑とは？

大和政権では長い間、自国の成立過程を示す史書の類を作成することをなぜかしなかった。

ようやく史書と呼べるものをつくり始めたのは、大和朝廷の成立からかなり経過した奈良時代になってからである。

ただ、『古事記』や『日本書紀』が書かれる以前にも史書の類がまったくなかったわけではなく、氏族に伝わる史書は存在していた。朝廷はそれらをまとめて国家としての正式な史書をつくろうとしたのである。

大和政権が興って３００年以上経ってから日本の歴史を正確に残そうとしたのはなぜなのか。

この理由は諸説あるが、当時の元明《げんめい》天皇は７１２（和銅５）年にまず『古事記』という史書を日本の史書として初めて完成させるのだ。

この史書は稗田阿礼《ひえだのあれ》という語り部が誦習《ようしゅう》したものを太安万侶《おおのやすまろ》が筆録したものだが、問題は統一国家以前のバラバラな日本の歴史を大和政権の歴史としてまとめるにはどうするかということだった。

『古事記』にしても、それから8年後に舎人親王《とねりしんのう》らを中心に編纂された『日本書紀』にしても、天地開闢《てんちかいびゃく》からはじまる神代の時代の話で、たとえば、神々の国である高天原からの天孫降臨《てんそんこうりん》によって天皇が国家の礎を築いたことなど、史実というよりは、かなりのフィクションをまじえて説明している。

確実なのは、『古事記』や『日本書紀』は当時の支配体制が正当なものであることを歴史的に確立させようとしていることだ。

この点は、よく古代史家たちから『古事記』や『日本書紀』だけでは大和政権にとって都合の悪い部分はすべてカットされているので正当な史書ではないと指摘されているが、だからといって『日本書紀』や『古事記』がまったくのつくり話で史料としての価値が低いというわけではない。

やはり事実を元に記されていることは確実で、少なくとも編纂されている部分から削除された部分を掘り起こすヒントは残されている。

このような点が今でも古代史研究家たちの興味を掻き立てているのだ。

一定額を貯金して政府に差し出すと昇進できた奈良時代の謎とは？

日本初の本格的な法律である「大宝律令」は７０１（大宝元）年に制定されているが、これに基づいて平城京の都では30もの階級からなる身分制度が採用されている。さらに都で働く人々には、自分の階級に応じた役職が与えられている。

もちろん、ハイクラスの役職に就けば就くほど高い収入を得ることができたので、「課試」と呼ばれる登用試験に挑戦してひとつでも上の役職をめざす人は少なくなかった。

ところが、そんな時代に「貯蓄額に応じて高い身分を保証する」というとんでもない法律がつくられたのだ。

その法律とは７１１（和同４）年に出された「畜銭叙《ちくせんじょ》位令《いれい》」で、たとえば10貫の銭を蓄えて政府に差し出せば位をひとつ昇進させる、20貫ならふたつ昇進させるというものだった。現代なら〝政治とカネの問題〟ともとられかねない問題である。

この背景には、どうにかして貨幣を当時の社会に流通させようとした大和朝廷の思惑が見え隠れしている。畜銭叙位令が出されたのは、和同開珎が発行されてから3年後のことだ。便利なはずの貨幣が発行されたにもかかわらず、人々は相変わらず米や布といった現物による物々交換によって交易を行っていた。

そこで、大和朝廷は中央集権化を強めて貨幣を定着させるために、発行した貨幣を流通させようとしたのである。そんな政策のひとつがこの法律だったのだ。

この法律はその後、80年以上も廃止されることはなく、実際にこの法律に従って位が授けられたという記録も残っている。

古代の「物売り」は いったい何を売っていた？

平城京に官営の「市」ができて以来、ここではさまざまなものが売り買いされたが、ものを売る商人は市場にだけいたわけではない。食べ物や小物などの商品をかついで町の中を売り歩く「物売り」もいたのだ。

たとえば、『源氏物語』のなかには「宇治十帖」の女主人公である浮舟《うきふね》の元に忍んできた恋人の薫大将《かおるたいしょう》が自宅へ戻る最中に、物売りの売り声を聞いたというくだりがある。紫式部の時代からすでに物売りたちが存在していたということだろう。

こうした物売りは、農村、漁村、山村の女性たちがおもに行っていたようだ。彼女たちは販女《ひさぎめ》や市女《いちめ》と呼ばれ、市中の情勢に詳しいために行商をするかたわら情報提供者となることもあった。

販女や市女はまた、抜け目がない商売をするというのが一般的な認識だったらしく、そんな一面をのぞかせるエピソードも伝えられている。

たとえば、「蛇を細かく切って干したものを干し魚だと偽って売る」とか、「売り物の鮎鮨の上に酔客の反吐がかかってしまったが、それを混ぜて知らぬ顔で売ってしまう」といった具合だ。

事実かどうかは定かではないが、これに近いようなことは行われていたのかもしれない。平安の物売りたちは、したたかな商売根性を持っていたようだ。

そもそも、どうして貴族が生まれたの？

貴族というと『源氏物語』に出てくる光源氏のような存在をイメージする人も少なくないが、じつは、貴族と呼ばれる人々が現れたのはもう少し古い時代のことだ。日本で初めて貴族階級が正式に認められたのは、701(大宝元)年に「大宝律令《たいほうりつりょう》」が定められてからのことなのだ。

この大宝律令により「貴」もしくは「通貴」という階級が定められたことがきっかけで貴族階級が誕生し、以後、貴族という言葉が定着していったのである。

貴族となった人々はもともと飛鳥時代に豪族または氏族と呼ばれた人々の末裔がほとんどだが、奈良時代に入ると朝廷の中央集権化に拍車がかかり、豪族は正式に朝廷に仕える官人として認められるようになった。

もちろん貴族と呼ばれる人々のなかにも階級があり、上級貴族から下級貴族まで存在していた。もっとも位の高い貴族は「正一位」という官位を与えられ、もっとも位の低い貴族は「少初位」と呼ばれていた。

一般の民衆に比べれば貴族の生活ははるかに裕福だった。貴族の年収は現代に換算すると、最高位の正一位で約3億7500万円、最下位の少初位でも2300万円はあったという。

食生活もかなり豊かで、毎日のようにアワビやカツオ、タイなどの海産物や、肉類では鹿や猪、キジ、また蘇と呼ばれる今のチーズのような珍しいものまで食べていたのである。

なぜ、藤原氏だけが権力の絶頂を極めることができた？

日本の歴史のなかで最も権力を握っていた貴族といえば藤原氏である。「大化の改新」の立役者であった中臣鎌足がその功により「藤原朝臣」の姓を賜って以来、この名門一族は朝廷における権力中枢の要を担ってきたといっても過言ではない。

では、数ある貴族でこの藤原氏がどうして朝廷のなかで実権を握ることができたのだろうか。

藤原鎌足やその子である藤原不比等が内大臣という要職についていたことから経済的なバックボーンがあったことも挙げられるが、実際には天皇家との親族関係を結んで、ほかの氏族に対する苛酷な排斥活動を行ったことが功を奏したと考えられている。

天皇家との関係においては、藤原氏はまず娘を後宮に入れ、天皇との間に子どもをつくらせ、生まれた皇子にそのまま皇位を継がせるというやり方を実行した。こうすれば藤原氏自体が天皇家の外戚という地位となり、天皇に対して絶大な影響力を与えることができた。

藤原不比等も娘の宮子を文武《もんむ》天皇の室とさせ、その皇子の首《おびと》皇子（後の聖武《しょうむ》天皇）を生ませている。

ほかの氏族を排斥することに関しても、藤原氏はさまざまな策謀をめぐらせ邪魔な貴族を追いやっている。たとえば、藤原仲麻呂《なかまろ》はライバル貴族の橘諸兄《たちばなのもろえ》を追い落とし、怪僧・弓削道鏡《ゆげのどうきょう》が朝廷に入り込んできたときにも藤原百川《ももかわ》が追放している。菅原道真《すがわらのみちざね》の大宰府への左遷なども藤原氏の策謀といってもいい。

このような藤原氏の権力掌握術の成果が完全に実ったのが、858（天安2）年に藤原良房がわずか9歳の清和天皇の摂政となったときである。このとき、初めて皇室以外の人間が事実上の最高権力を握ったのだ。

こうして藤原氏は以後、摂関《せっかん》政治を通じて君臨していったのである。

「墾田永年私財法」の制定で、世の中はどう変わった？

貴族たちが何不自由のない、まさに殿上人として優雅な生活をしたころ、それ以外の普通の民はといえば、そのほとんどが農業に従事していた。

当時、「班田収授法《はんでんしゅうじゅのほう》」によって「田」として使う土地は国家のもとに公有化されており、「口分田」といって一人ひとりに田を分け与える制度になっていた。

具体的には、年齢6歳以上の良民として認められた男子には2段、女子の場合にはその3分の1の口分田が与えられ、賤民《せんみん》とされた男子の場合はわずか240歩分、女子の場合は160歩分の口分田が班給されていたのである。

さらに農民といえども農業だけをしていればいいというものでもなかった。男子は兵役を課せられていた。

男子のうち3～4人にひとりの割合で徴兵があり、徴兵されると100日間に10日の割合で地方に出向かなければならなかったのだ。

しかも、この徴兵に出向く際の食料や装備品、衣服などはすべて自前であり、貧しい農民にとって徴兵制はまさに苛酷な制度だったのである。

このような状況下、逃げ出す農民や貧困のため死んでしまう農民が急増したことがきっかけで、743（天平15）年に「墾田永年私財法《こんでんえいねんしざいほう》」という制度が制定される。

これは自分で開墾した田は以後永久に私有財産としていい、今まで公有地だった土地を私有化してもいい、という許可を農民に与えたということである。

これがきっかけで律令国家の公地公民制度が大きく崩れはじめていったのは当然であ

る。そして、これはその後の荘園制度へと発展していくことになったのだ。

[redacted]

聖武天皇がどうしても東大寺の大仏を建立したかったのは？

[redacted]

奈良・東大寺の大仏は、高さ14・98メートル、重さ３８０トンに及ぶ巨大な仏像である。なぜ、聖武天皇はこのような巨大仏像を造立しようとしたのかについては今でもさまざまな説が唱えられている。

当時、日本各地では干ばつや地震などの天変地異や凶作による飢饉《ききん》が続いたり、疫病が流行ったりとよくないことが続いていた。それを憂慮した天皇は仏教の力を借りて国を守るために全国に国分寺という官立の寺を建て、その総本山の証として東大寺に大仏を造ろうとしたといわれている。

しかし、大仏建立の直接のきっかけとなったのは７４０（天平12）年に聖武天皇が難波に行幸した際、智識寺《ちしきじ》という寺で盧舎那仏《るしゃなぶつ》という仏像を見て感動し、自分もこのような仏像をつくってみたいと思ったということが『続日本紀《しょくにほんぎ》』に記されている。政治的な思惑というよりは、仏像に心を動かされたことが直接の動機だったようだ。

智識寺という寺の僧は仏教でいうと優婆塞《うばそく》といって全国を旅しながら仏教を説いて回る僧であり、仏の教えを貴賤にかかわらず誰に対しても平等に説くことを常としていた。その教えに感銘を受けた聖武天皇は、東大寺に大仏を建てたいと思い立ったのだ。

東大寺の大仏は国家の平安を求めてのものというだけでなく、仏教への信仰心からつくられたといえるだろう。

怪僧・道鏡は、なぜ法王の地位まで昇りつめることができた？

孝謙《こうけん》天皇は父の聖武《しょうむ》天皇の後を継いだ女帝だが、その当時、政権内では光明皇太后を後ろ盾に藤原仲麻呂が権力を握っていた。

その孝謙天皇は７５８年、仲麻呂の養子でもあった舎人親王の七子で大炊《おおい》皇太子（後の淳仁《じゅんにん》天皇）に皇位を譲り、自らは上皇になる。新たに即位した淳仁天皇もやはり仲麻呂の強い影響下にあった。

そして光明皇太后が亡くなり、仲麻呂、淳仁天皇との関係が敵対的なものになると孝謙上皇は心身ともに疲労して体調を崩してしまう。そんな折に現れたのが弓削道鏡《ゆげのどうきょう》という僧だった。

道鏡は看病禅師といって宮中で仏教行事を行う役目だったが、それと同時に以前、葛城山で修行していたことから薬草や宿曜秘法という仏教的な呪術に長じていた。

道鏡の看病の成果があって孝謙上皇の身体が快方に向かうと、やがて道鏡は上皇から「朕が師」と呼ばれるようになり、絶大な信頼を得るようになる。

道鏡という精神的支柱を得た孝謙上皇は出家すると、ついに仲麻呂に対して徹底抗戦の構えをとる。まず仲麻呂に近い者たちの官職を剥奪し、朝廷から追い出したのだ。

怒った仲麻呂は挙兵するが、孝謙軍により愛発関《あらちのせき》（福井県敦賀市）で敗れ、一族ともども斬られてしまう。その後、淳仁天皇は淡路島に流罪となり、孝謙上皇は再び称徳天皇として皇位に就いたのである。

この一連の内紛の裏に道鏡の影があったことはいうまでもない。孝謙上皇の道鏡に対する信頼は絶対的なものであり、称徳天皇として皇位に復活すると道鏡に対して法王の称号を与えている。

このままではいつ天皇が道鏡に皇位を譲ると言い出すのかわからない、と周囲は心配したが、実際、その心配は現実のものとなる。道鏡は天皇の位をのぞみ、宇佐八幡宮《うさはちまんぐう》で「道鏡を皇位に就かせるように」という神託を得たということをもって皇位継承を狙うが、藤原氏を後ろ盾にした和気清麻呂《わけのきよまろ》がその神託を偽りと確認し、これを阻止した。

その後、称徳天皇は体調を崩し、770年に崩御する。そして、道鏡は天皇を惑わせたとして下野へ流されたのである。

平安京遷都のきっかけになった不可解な暗殺事件とは

東大寺に大仏が建立されたとき、後に桓武《かんむ》天皇になる山部《やまべ》王はまだ16歳の青年だった。山部王には親友の藤原百川（当時は藤原雄田麻呂《おたまろ》）がいたが、この百川は、当時から山部王を将来天皇の座につかせるための戦略を練っていた。

山部王の父の白壁王《しらかべおう》が称徳天皇の崩御の後、皇位を継いで光仁《こうにん》天皇となると、百川の思惑通りに山部王を次期天皇にするチャンスが巡ってきた。

しかし、次期天皇となるべき人物は他戸《おさべ》親王にほぼ決まっていた。そこで、百川は謀略を練る。他戸親王の母、井上皇后が光仁天皇を呪詛しているという話をでっち上げ、井上皇后を流刑に処し、他戸親王も廃してしまったのだ。

光仁天皇が崩御すると、百川の思惑通り山部王は781（天応元）年に桓武天皇として即位するのだが、百川は48歳の若さで死んでしまう。その後桓武天皇は心機一転、平城京から長岡京へ遷都する計画を立てた。

しかし、これに猛反対したのが桓武天皇の弟である早良《さわら》親王だった。ふたりは兄弟だったが、性格も合わず、政治的立場も大きく違っていたのだ。桓武天皇は実子の安殿親王に皇位を継がせる予定でいたが、いつ早良親王が皇位を狙う暴挙に出るかもしれないと憂慮していた。

長岡京への遷都は784（延暦3）年に決定したが、そんな折にある事件が起きる。桓武天皇の命により突貫工事で進められていた長岡京の建設現場の視察に赴いた藤原種《たね》継《つぐ》が、何者かにより放たれた矢に撃たれて死亡したのだ。犯人は即刻捕まり、早良親王に味方していた大伴家持《おおとものやかもち》の従兄弟に当たる継人《つぐひと》という人物と判明した。

桓武天皇はこれを早良親王の謀りごととして、親王を淡路島へと流罪に処する。親王は無罪を主張し、自ら食を絶ち痩せ細った体で淡路島へ流され、そこで無念のうちに死去するのだ。

しかし、その直後から長岡京では異変が起き始める。まず皇太后や皇后が亡くなり、続いて疫病が流行り、洪水や日照りなどで大きな被害を受けたのだ。

桓武天皇はこれら災いが早良親王の祟りのなせる業とみなし、親王に崇道《すどう》天皇という諡《おくりな》を与えて祟りを鎮めようとした。しかし、都を襲う祟りはいっこうに鎮まらず、これがきっかけとなって長岡京から平安京へと遷都することを決めたのである。

「応天門の変」で、いちばん〝得〟をしたのは誰？

平安時代には摂関政治が主流だったが、この摂関政治とは何を意味するのか意外と知らない人が多い。幼い天皇に代わって政務を代行するのが「摂政」であり、成人した天皇の政務を補佐するのが「関白」である。

この摂関政治を正式に確立させたのが藤原氏だ。858（天安2）年に文徳《もんとく》天皇が崩御すると、わずか9歳の惟仁《これひと》親王（後の清和《せいわ》天皇）が即位したが、外祖父であった藤原良房《よしふさ》は幼帝を補佐するため摂政となる。

良房の摂政としての力が発揮されたのは、866（貞観8）年に起きた「応天門の変」である。応天門の変とは平安京の朝堂院の南にある応天門が何者かに放火され都が大火に見舞われた事件だが、その背景には権力争いがあった。

大納言の伴善男《とものよしお》が、この失火は政敵である左大臣の源信《みなもとのまこと》の仕業であると朝廷に申し立てたことで意外な展開を見せる。左大臣が放火事件に関与するなど前代未聞の話であることから朝廷内は騒然となったのだ。そのとき摂政だった藤原良房に「天下の政を摂行せよ」との勅が出る。

ところが事件から5カ月後、朝廷は「伴善男とその息子が犯人」と断定し、ふたりを伊豆へ配流処分にする。犯人を告発した人物が犯人とされたのである。

これは伴氏に対する藤原良房の謀略と考えられている。この事件によって、良房は伴氏を排斥することに成功しているからだ。

藤原良房には男子がなかったことから兄長良の息子である基経《もとつね》を養子にしていたが、この基経も父と同じく陽成天皇の摂政となる。基経は29歳で参議となった後、たった8年で摂政になっているので、かなりのスピードで出世街道を進んだといえる。

平安時代の商売って今と同じ？　違う？

平安時代の11世紀半ばに藤原明衡《あきひら》が書いたとされる『新猿楽記《しんさるがくき》』は、都で流行していた猿楽見物に来た右衛門尉一家の目を通して、京の人々の暮らしぶりを伝える物語だ。当時の世相や職業、芸能などが列挙されていて、この時代の風俗を知るための貴重な資料ともなっている。

そこには上流階級から庶民までの人々が描かれており、多種多様な職業に従事した人々の様子を知ることができる。

たとえば、大仏師が登場するが、大仏師といえば仏像制作を手がける仏師の中でもトップに立つ存在で、何人もの仏師を率いて仏像を造像する。この時代には、日本の仏像の基礎を築いた名仏師・定朝《じょうちょう》の工房も七条にあった。そのほかにも何人もの仏師が七条界隈に住んでいたという。

また、鍛冶や鋳物、金銀細工を行う職人も描かれている。物語に出てくるのは架空の人物だが、七条付近には平安末期から鎌倉初期にかけて金属職人が集まって住んでいた痕跡が残っている。

『新猿楽記』にはこのほかにも、武者、学者、大工、僧侶、遊女、芸能者、医者、運送労働者など、いろいろな職業の人々が登場する。

商売人は蔑視されることも多かったというが、経済活動の中ではなくてはならない存在となっていったのである。

「黄金の国ジパング」の知られざる真相とは？

日本を「黄金の国ジパング」としてヨーロッパに紹介したのは、ヴェネツィアの商人だったマルコ・ポーロだ。彼は『東方見聞録《とうほうけんぶんろく》』の中で、日本は黄金に富み、宮殿にも道にも黄金が敷き詰めてあると記した。

鉱物資源のほとんどを輸入に頼っている現代の日本からみれば、マルコ・ポーロの表現はあまりにも大げさに感じられる。

だが、すべてを空想の産物と言い切ってしまうこともできない。かつての日本は世界でも有数の鉱物資源の産出国だったのである。

日本では7～8世紀から金銀の採掘が始まっている。そして、海外との交易にはこれらの金銀が使われていたのだ。

平安時代末期に中国銭を輸入する際に使っていたのは、奥州の金だったと伝えられている。

この時代の奥州といえば、豊富に産出する金をもとに平泉の黄金文化が花開いていた時期だ。こうした繁栄の様子が中国に伝わっていた可能性もある。

また、戦国時代にヨーロッパとの貿易に使われたのは、もっぱら銀だった。正確な数字はわからないが、年間で十数万～20万キロが海外に持ち出されたとみられている。

これは当時、世界でも1、2位を争うほどの産出量で、全世界に出回る銀のうち3分の1は日本産だったのである。

金銀と比べると価値が低く見られがちだが、江戸時代には大量の銅も輸出されている。海外では貨幣としての価値はなくても、つぶしてしまえば原料としていろいろなものに利用できる。日本の銅の値段がヨーロッパの銅価格にかなりの影響を及ぼしていたといわれているほどである。

このように、日本は金だけでなく、じつは金銀銅のすべてが豊富な資源大国だったのだ。

250年も続いた「遣唐使派遣」を突然やめることができたのは？

8世紀の中ごろの東アジアはまさに動乱期を迎えていた。まず、日本と深い国交があった唐は節度使「安禄山《あんろくざん》の乱」を手はじめに国内各地で内乱が続き、事実上分裂状態に陥り、衰亡の一途をたどっていた。

当時、日本と国交があった朝鮮半島では貴族間抗争や農民の反乱が続き、新羅は揺らいでいた。やがて高麗の王建が新羅を滅ぼし、ほぼ朝鮮半島を統一させる。

しかし、当時の日本国内はそんな東アジアの動乱に影響されることなく比較的安定した政情を保っていた。

そんな折、８９４（寛平６）年、菅原道真《すがわらみちざね》の上表《じょうひょう》により日本は「遣唐使制度」を廃止させてしまう。

それだけではない。高麗の王建が日本に対して通行条約を求めてきたときも日本側は応じず、正式な外交関係を結ぼうとしなかった。このような状況は唐が滅びて宋が建てられた際にも変わらなかったのだ。

なぜ、日本は東アジアの国々と外交関係を結ぶことを重要視しなかったのだろうか。

この理由には諸説あるが、まず国家主導の外交を重視しなくても商人たちの貿易は盛んに行われていたことが挙げられる。仏教を通じて僧も盛んに日本へやって来ていたこともあり、他国の情報は日本国内に知らされていたのである。

もうひとつ、平安期の日本では日本特有の「ケガレ」の発想が浸透していたことが考えられる。

ケガレとは悪影響を及ぼす伝染性のある悪い気は祓うことが必要だという観念だが、当時の日本では戦乱を引き起こしている東アジア諸国を「ケガレ」とする観念が強まっていたのだ。

醍醐《だいご》天皇が即位した際、譲位した宇多《うだ》天皇は「蕃人《ばんじん》（外国人）を見る際にはかならず簾《れん》中《ちゅう》を通して見よ、直に見てはならない」（『寛平遺誡』）とまで言い残している。

こうした風潮が強まったことで遣唐使も中止されたというわけだ。

菅原道真が大宰府に左遷されたのはどうして？

菅原道真公というと、今では学問の神様として受験シーズンともなると全国の学生から崇敬されているが、その人生は順風満帆ではなかった。

27歳の若さで〝文章博士〟になった道真が突然、讃岐守として四国に左遷させられてしまうのだが、これはあまりにも道真が優秀だったことからほかの学者から妬まれたのが原因という説もある。

讃岐《さぬき》の任を終えて朝廷に戻ってきたとき道真は47歳になっていたが、時の宇多《うだ》天皇は25歳と若く、博学で地方のことをよく知っている道真に対して尊敬の念を持っていた。

８９１（寛平３）年、宇多天皇は讃岐から帰って間もない道真をまず蔵人頭にするが、その後の道真の出世は著しかった。

中納言、大納言と昇進し、６年後にはなんと右大臣の地位まで昇ったのである。しかし、これを快く思わない人物もいた。元摂政であった藤原基経《もとつね》の子時平《ときひら》である。

藤原時平は21歳で参議になり、将来は父と同様に摂政もしくは関白の座を得ようと野心に燃え、同時に藤原一族の出ではない菅原道真が右大臣という地位に就くことに対して不満を持っていた。

そして、時平は道真追い落とし作戦を展開する。風流人だった宇多天皇が政治をあまり鑑みることなく醍醐天皇に譲位して隠居生活に入ってしまうと、時平はここが好機とばかりに後ろ盾のなくなった道真に対し謀略をしかけた。

道真が醍醐天皇の追放を企てているとの理由から、大宰府への左遷に追いこんだのだ。身に覚えもない讒言《ざんげん》のせいで道真は無念のうちに大宰府へ赴く。その後、道真が大宰府で死去すると、間もなく時平やその側近達が相次いで病死し、都ではこれを道真の祟りだと噂したのである。

平将門と藤原純友が同時期に朝廷に叛旗を翻したのは？

平安中期、朝廷が各地の地方情勢を正確に把握することはできなかった。したがって地方に赴任した貴族や武士の動向は国司などから遅れて伝達されていたのである。

そんななか、「承平《じょうへい》・天慶《てんぎょう》の乱」と呼ばれる東日本と西日本で起きた出来事は、日本の歴史のなかでも朝廷と地方の軋轢を明確に示すものであった。

東日本で起きた事件の首謀者は平将門《たいらのまさかど》だ。将門は桓武《かんむ》天皇から平氏姓を賜った高望王《たかもちおう》の子孫で、将門の父・平良将《よしまさ》は常陸の国の鎮守府将軍だった。

そもそものきっかけは、良将の死後に親族の間で遺領をめぐって争いが生じたことにはじまる。

将門は叔父の平国香《くにか》や前大掾《だいじょう》源護《みなもとのまもる》らと紛争を起こした理由で朝廷から呼び出され、注意まで受けたが、その後に常陸国府や下野国、上野国の国府を襲い、自らを「新皇」と称したことで朝廷から反逆罪として討伐の対象となった。

一方、西日本で起きた事件の首謀者は藤原純友《ふじわらのすみとも》である。純友は藤原北家出身で筑前守だった藤原良範《よしのり》の子で、朝廷により伊予国司として海賊討伐を命じられ赴任するが、後に自らが海賊と化し、南海・山陽道一帯を荒らしまわった罪で逆賊とされた。

純友が海賊となったのは、京から赴任してきた受領との対立が激化したことが原因と考えられている。

平将門、藤原純友いずれの場合にも、朝廷の地方政策に対して不満があったからこそその反逆であり、いずれも鎮圧されたものの彼らを支持していた地元民も朝廷に対してはかなりの反感を持っていたことがわかる。

[redacted]

藤原道長の時代に、藤原氏がピークを迎えたのは？

[redacted]

「この世をばわが世とぞ思う望月の欠けたることも無しと思えば」という和歌を詠んだのは藤原道長《みちなが》だが、まさにこの和歌は彼が築いた摂関政治の最盛期を言い表している。しかし、この藤原道長でもスムーズに摂政・関白の地位につくことができたわけではない。

道長の父である藤原兼家《かねいえ》が自分の息子たちを前に藤原公任《きんとう》のことを政治家として優秀であることを称え、「我が子息にはその（公任の）影さえ踏む者がいない」と叱咤すると、道長だけが「影だけではなく面を踏んでやる」と答えた。

　このように道長は若いころからはっきりと物を言う性格だったせいか、周囲からの評価はあまりいいとはいえなかった。

　その道長がトントン拍子に出世したのは、持ち前の強運と女性の力によるところが大きい。父の兼家には道隆《みちたか》、道綱《みちつな》、道兼《みちかね》、道長という息子がいて、長男の道隆と三男の道兼は父同様に関白の座に就いたが、ともに早逝する。そこで道長に白羽の矢が立ったのである。

　周囲は次の関白の座は道長の甥にあたる藤原伊周《これちか》と予想したが、一条天皇の母であり、道長の実姉でもある詮子《せんし》が天皇の寝所まで赴き、涙ながらに道長を関白に推挙したというエピソードがある。

　道長には妻がふたりいたが、22歳で2才年上の源倫子《りんし》と初めて結婚する。将来性が見えない道長に対し倫子の父源雅信《まさざね》は最初、反対した。しかし、雅信の妻が道長の将来性を見抜いたのか、なんとか説得して無事結婚することができたという。

　このように道長が女性に救われる運を持っていたことは確かなようだ。妻の倫子の実家が平安京の一等地にあり、なかでも最も豪奢《ごうしゃ》な土御門殿《つちみかどどの》だったことから、道長は当時通例だった通い婚をせず、土御門殿に住み着き、毎夜のように貴族たちを招いて宴を催しもてなすことができたのだ。

　しかも倫子は4人の娘を産んだが、それぞれ天皇の妃となれるほど美貌の持ち主だった。

　藤原道長が摂政に就任したのは1016（長和5）年だが、事実上、後一条天皇の外祖父として、もはや朝廷内に自分以上の存在はいなかったも同然だったのである。

　もっとも、道長の長子である頼通には子がなく、天皇の外戚になることができなかったため、藤原氏は一気に衰退していくことになる。

どうして貴族階級から源氏も平氏も生まれたの？

　平安末期になると貴族だけでなく「武士」と呼ばれる階級が出現する。武士の特徴は武芸に長けていることにあるが、この武士にも種類があり、地方の荘園を守るために武装した集団や都の警護にあたる集団などがあり、やがて政治にも関与する者が現れ始めた。

　この政治に関与していった武士といえば「源氏」と「平氏」だ。両氏は武士といってもその出自がほかの武士とは違っている。両氏はもともと皇室の血が流れており、姓をもらって臣下に下った武士、またはその子孫なのである。

天皇の妃はひとりでなく複数いた。桓武《かんむ》天皇は23人の妃がいたといい、嵯峨《さが》天皇も24人の妃を持っていた。

当然、妃の生む子どもも多くなるが、皇位継承はたったひとりの皇子しか継ぐことができない。ほかの皇子は親王と呼ばれ、政治に関与することはあまりなかったのだ。

宮廷内に親王が増えすぎることも問題ということで、臣籍《しんせき》を賜るといって天皇自らが源氏や平氏という名を授け、皇室内の親王と区別したのである。

平氏でいうと仁明平氏《にんみょうへいし》、文徳《もんとく》平氏などが挙げられるが、なかでも代表的なのが桓武平氏であり、高望王から出た平氏からは平将門や平清盛を輩出している。

源氏の方も嵯峨源氏、村上源氏、宇多源氏、醍醐源氏、花山源氏など数多くあるが、源義家や頼朝を輩出した清和源氏がよく知られている。

「保元の乱」について、ひと言で説明すると？

後三条《ごさんじょう》天皇から白河《しらかわ》天皇にかけての政治は藤原氏以外の中流貴族が進出した時期だが、

そのなかでも桓武平氏と清和源氏の二氏は大きな勢力を築き上げていった。

武家がなぜ政界に進出できたかというと、武家の棟梁《とうりょう》は何代にもわたり地方の受領として富を蓄えてきたからで、彼らは広大な支配地を持ち、地方の有力武士団とも主従関係を結んでいた。

その武家のなかで最も早く昇殿を許された（殿上人）のは平忠盛で、これは1132（長承7）年に得長寿院《とくちょうじゅいん》の造営のために多大な金品を献じたことを鳥羽《とば》上皇に認められたからである。

忠盛はその後も海賊討伐などで功を成し、平家は朝廷にとってなくてはならない存在になっていく。その点、同じ武家の源氏のほうは少し出遅れ、院政との結びつきも平家よりも遅れをとった形となった。

そのような時期に朝廷内で深刻な対立が起きる。鳥羽法皇の没後、その後継をめぐって、崇徳《すとく》上皇と後白河《ごしらかわ》天皇が鋭く対立した「保元《ほうげん》の乱」である。

崇徳上皇側には藤原頼長《よりなが》がつき、後白河天皇側には頼長の兄である藤原忠通《ただみち》がついた。さらに、それぞれに武士が招集されたことで、武力による争いへと発展したのである。

結果は源義朝、平清盛らがついた後白河側が勝利。朝廷の内部抗争に源氏と平氏が絡んだことにより、武士の存在感はこれまでになく増した。

「平治の乱」について、ひと言で説明すると？

「保元の乱」により政治的対立問題に武力が介入することが半ば認められるようになってしまったことは、以後、武家にとってはまさに好都合なことだった。政治的対立を武力で解決することが当たり前になれば、武家は武力で政治を動かせるようになるからである。

朝廷も武家を味方にしていれば安全だが、敵にまわせば脅威になることがわかってしまった。このとき、武家のなかで急速に力をつけたのが平清盛《きよもり》である。後白河天皇は平清盛と婚姻関係を結び、平家の人々を引き立て始めた。

朝廷内では、こうした風潮に対して面白く思わない者も少なくなかった。なかでも貴族では藤原信頼《のぶより》が、武家では源義朝《よしとも》がかなり不満を持っていた。そしてついに１１５９（平治元）年、信頼は清盛が熊野詣に行っている間に義朝と組んで後白河上皇を幽閉する事件を起こすのだ。

信頼は天皇を幽閉したまま勝手に自らを大臣兼大将に任命し、協力した源義朝を播磨守にする。この暴挙に対して他の貴族は怒り、多くの者が平清盛側についた。

上皇がなんとか脱出するとほとんどの貴族が六波羅《ろくはら》の清盛の屋敷に集まり、ついに戦いの火蓋が切られた。

体勢をたて直した平清盛の勝利に終わると、敗れた義朝はやむなく一時東国への敗走を企てるが、その途中で源頼政の裏切りにより捕まり、死罪となる。藤原信頼は伊豆へ配流処分となった。

「平清盛」が権力を掌握できたワケは？

平治の乱により源義朝の子どもだった頼朝《よりとも》は伊豆へ流されるが、この頼朝が将来に武家として天下を取るなど当時の平清盛は考えてもいなかった。反対に当時の清盛は武門の出であるにかかわらず、平家をより貴族化することに執心していたといえる。

平家のライバルであった源氏の棟梁の源為義は朝廷では粗暴な人間という印象が強く、この点も清盛と比較されて不利になっていたこともあるだろう。

清盛は旧源氏系の氏族まで支配下に置き、まさに怖い者なしという状況だった。清盛は天皇や摂関家の藤原氏まで支配できるような独裁政権を整え始めていたのである。

しかし、当時の朝廷は二条天皇の近臣の藤原経宗《つねむね》と藤原惟方《これかた》により政治が動かされている状態だった。

後白河法皇はこれを快く思わず、清盛に経宗と惟方を排斥すれば太政大臣の地位を約束するという密約を交わす。

これを聞いた清盛はただちに経宗と惟方を逮捕すると、流刑処分にしてしまう。

こうして院の近臣の頂点にたった清盛は１１６７（仁安２）年、中納言から太政大臣の座に昇ったのである。

しかし、一方で平清盛やその一族である平氏に対する他の貴族の反感が高まっていく。また、後白河法皇も清盛に敵対的な行動をとるようになる。

そこで清盛は力によって朝廷を支配しようと本気で思うようになり、なんと後白河法皇を幽閉するという暴挙に出たのである。

源頼朝は、どうして スムーズに挙兵できた？

１１７９（治承３）年11月、平清盛は後白河法皇の幽閉という暴挙に出た。その行為に対する朝廷内の反感はしだいに高まっていったが、貴族階級が武力で清盛に対抗するのは到底無理な話だった。

仮に武力で制圧しようとしたところで、力では到底平氏側に勝てないことは明白だったからだ。

このままでは朝廷は清盛に乗っ取られてしまうと誰もが危惧していたが、1180（治承4）年の5月、以仁王《もちひとおう》が打倒清盛を掲げて挙兵する。

このとき以仁王に味方したのが源頼政である。

頼政は平治の乱の際に源義朝を裏切ったが、その行為が清盛に認められて出世し、公卿《くぎょう》三位《さんみ》の位についていた。この頼政の謀反に清盛も驚きを隠せなかったが、直ちに以仁王と頼政の討伐に出た。

平氏側の執拗な追撃に、以仁王と頼政は三井寺から興福寺、そして宇治の平等院と拠点を移したが、ついに平等院付近で討たれてしまう。しかし、以仁王はすでに諸国に平氏討伐の命を下していたのだ。

源義朝の弟である行家《ゆきいえ》は1180（治承4）年4月27日の時点で、源頼朝に打倒平家の知らせを伝えていたのだ。頼朝にすれば平治の乱の際に父義朝を殺された仇ということもあり、以仁王の呼びかけにすぐ呼応した。

まず、伊豆国目代の山木兼隆を討ち、その後、土肥実平《どいさねひら》の本拠地の相模に滞留、石橋山で大庭景親《おおばかげちか》率いる平家方３０００の軍勢に一時敗走するが、船で真鶴から安房の猟島へ逃げ延びる。

この地で当初わずか３００の兵しか率いていなかった頼朝の元に、下総の千葉常胤《ちばつねたね》、上総《かずさ》広常《ひろつね》も駆けつけ、頼朝は平氏討伐のために自軍の立て直しを図ったのである。

その後、平清盛が１１８１（治承５）年に病没すると、平家側の勢いは一気に衰えていく。頼朝側についた木曽義仲《きそよしなか》は京に入り平家を都落ちさせると、源義経は「一の谷の戦い」で一気に平家に大打撃を与える。

そしてついに源氏勢は「屋島の戦い」を経て、１１８５（元暦２）年3月24日、長門の壇ノ浦に平家を追い詰め、全滅させることに成功したのである。

そもそも源頼朝が全国に守護と地頭を設置したワケは？

平家滅亡後、源頼朝は自分が朝廷に近づいて政治を司ることはしなかった。

そして頼朝は実権を握るには朝廷に入り込むよりも、朝廷とはある程度距離を置いた方がいいと判断する。

このような考えに至ったきっかけは、大寺社の存在があった。

当時の比叡山延暦寺や三井寺という寺社は朝廷からの統制を受けず、僧兵なども置き、広大な荘園を自由に使っていた。頼朝もこれに習い、朝廷から管理されることのない自前の機関（幕府）をつくろうという構想を考え始めていたからだ。

そして頼朝は朝廷に対して守護《しゅご》、地頭《じとう》を設置することを求めた。

すでに関東では北条氏、三浦氏、千葉氏など有力御家人が実質上守護の役目を果たしており、頼朝との主従関係を結んでいた。頼朝はそれ以外の地域の武士も自分の配下にする権限を朝廷に求めたわけである。

この要求には朝廷側も戸惑ったが、頼朝の背後には平家を破った源氏配下の武士団がいたことから、藤原兼光《かねみつ》ら公卿が朝廷と頼朝の仲介役となり、なんとか両者が対立しないようにつとめた。

この後、頼朝は1192（建久3）年に後白河法皇が亡くなった直後に朝廷から征夷大《せいいたい》将軍《しょうぐん》の称号を受けたことで、頼朝の要求は受け入れられた形となり、鎌倉の地に幕府を開いたのである。

弟・源義経と兄・頼朝の関係にヒビが入った本当の理由は？

源義経といえば歌舞伎の『勧進帳《かんじんちょう》』の主人公として今でも有名で、兄源頼朝以上の人気を集めている。

義経と頼朝の父は源義朝だが、生母が違うことから幼少の頃から一緒に育ったわけではない。幼いころの義経は鞍馬山で天狗に鍛えられたなど逸話が残っているが、実際のところはほとんどがフィクションであり詳しい史料は残っていないのが実情なのだ。

源氏の武将として頼朝に仕え、平家討伐の功労者だった義経だが、平家が滅びた途端に今度は兄の頼朝から命を狙われることになる。

ところで、なぜ頼朝は義経を追い詰めたのかというと、義経が頼朝の許しを受けずに後白河法皇から検非違使・左衛門尉の官職を受けていたことが理由とされている。義経が官位を授かることは、頼朝が築こうとする武家政権にとって弊害となり、義経の存在が邪魔になったのだ。

義経は頼朝に弁明しようと試みたが、鎌倉に入ることすら許されなかった。これは頼朝の義経に対する警戒心の表れとも考えられるが、戦闘能力に長けた義経がいつ自分に対して反旗を翻すのか気が気でなかったのである。

そんな頼朝の予想通りに、義経は後白河法皇に頼み頼朝討伐の命令書を求める。法皇は迷ったが、最終的に命令書を出してしまうのだ。

義経はただちに軍を集めようとしたが、すでに都周辺の武士は皆頼朝側についていた。摂津の源氏が自分を捕えに来るという知らせを聞いた義経は都を出て、奥州藤原氏のもとに向かう。

一方、頼朝は法皇から「義経らの謀判は天魔のなせる業、私の所存ではない。一時の難をさけるため命令書を出した」との弁明を聞くと、「朝敵平家を討った自分が反逆者とされ、討伐の対象とされることは理解しがたい、これでは義経を捕えなければ天下に示しがつかない、一体、彼らに加担する日本一の大天狗とは誰だったのか」と圧力をかけ、義経討伐の命令書を書かせた。

義経は奥州藤原氏のもとに身を寄せていた。しかし頼朝の権力が強大なものになるなか、かくまいきれなくなった藤原泰衡《やすひら》は義経を急襲する。逃げ場を失った義経は衣川《ころもがわ》の館で自刃《じじん》した。

3

鎌倉時代

源頼朝がどうしても
征夷大将軍になりたかったのは？

1185（文治元）年、日本初の武家政権である鎌倉幕府が開かれた。このとき、初代将軍・源頼朝《みなもとのよりとも》の地位を決定づけたのは「征夷大将軍」への就任である。

征夷大将軍は奈良時代に設けられた将軍職で、大伴弟麻呂《おおとものおとまろ》や坂上田村麻呂《さかのうえのたむらまろ》などが歴任したことで有名だが、頼朝はこの地位にひとかたならずこだわりを持ち、切望していたといわれている。いったいなぜだろうか。

考えられる理由はいくつかあるが、真っ先に挙げられるのは奥州藤原氏の存在だ。

1世紀にわたって藤原氏が支配してきた奥州は、東国の支配を企てる頼朝にとってはどうしても手の内におさめたい地であった。そのうえ、ここは〝反頼朝〟を掲げた弟の義経《よしつね》が逃げ込んだ場所でもある。

征夷大将軍は「令外官《りょうげのかん》」といって律令制においては規定にとらわれぬ職務、すなわち強大な権力を持つ地位のひとつで、ほかにも摂政や関白、現代の警察たる検非違使などがそれにあたる。

つまり、征夷大将軍という地位は、自分の政権をつくるのにきわめて有効な「大義名分」だったというわけだ。

しかし、実際に頼朝がその座を射止めたのは藤原氏が滅びたあとだった。時の後白河法皇の許しが出なかったからである。これにより朝廷と頼朝の関係は悪化したが、奥州藤原氏の討伐を終えて上洛した際には権大納言、右近衛大将を任命される。

そして後白河法皇没後の１１９２年には摂政である九条《くじょう》兼実《かねざね》により、今後の協調を約束する意味で征夷大将軍に任命され、名実ともに鎌倉幕府が開かれることになったのである。

権力を手中にした頼朝にとっては、すでにこの地位に大きな意味はなかったが、これ以降、征夷大将軍＝武家の棟梁という位置づけるようになったのも事実である。そういう意味では、この肩書きに頼朝がこだわったのも頷けるだろう。

そもそも、なぜ頼朝は幕府の場所として鎌倉を選んだ？

古来、日本の中心は京都や奈良、大坂といった西日本にあった。そう考えると日本初の武家政権となった幕府が、そこから数百キロメートルも離れた「鎌倉」に置かれたことはやはり異例中の異例だったと考えるのが自然だが、その成り立ちにはきわめて複合的な要素が絡んでいた。

初代将軍・頼朝の動きを振り返ってみると、「平治の乱」によって流された伊豆で北条政子と結婚して北条氏と結びつき、1180年代には関東を支配下におさめている。具体的には東国の御家人を統制するための侍所を鎌倉に設け、同時に公文所《くもんじょ》や問注所《もんちゅうじょ》を設置し、朝廷から間接的に土地支配権を認められ、幕府の基礎を築いたのだ。

では、頼朝はなぜ鎌倉を選んだのか。

ひとつは鎌倉が源氏ゆかりの地であったことだ。頼朝は清和源氏を始祖とする河内《かわち》源氏系の子孫だが、河内源氏は11世紀半ばに名を挙げた頼義《よりよし》以来、鎌倉を拠点としている。父・義朝も鎌倉に館を構えていたことから、頼朝がこの地を拠点に選んだのは必然だろう。

また、鎌倉は三方を山に囲まれており、攻め込まれにくかったという地理的な利点もあった。

さらに、鎌倉にはもっと重要な意味があったといわれる。それは、鎌倉一帯の海岸が砂鉄の産地だということだ。

鎌倉には頼朝が創建したとされる銭洗弁財天《ぜにあらいべんざいてん》（宇賀福神社《うがふくじんじゃ》）があるが、ここでは小銭や紙幣をざるに入れて霊水で洗えば、お金が増えるという言い伝えがある。

この行為が砂鉄を採るときの行為と似ていることから、鎌倉幕府と鉄の関係は根強く取り沙汰されているのである。

いずれにせよ、鎌倉時代は京都（朝廷）と鎌倉（幕府）の二重構造という特殊な国家体制であった。実質的な権力を持った幕府が、朝廷の影響を受けぬほど離れた場所にあったのは好都合であったのは確かだろう。

後鳥羽上皇は、どうして幕府と対決する道を選んだの？

「幕府」というものが誕生して以来、朝廷対幕府という対立の構図は歴史のなかでたびたび見られた。その最初の戦いが、1221（承久3）年に勃発した「承久《じょうきゅう》の乱」である。

この乱の背景には、源氏亡き後、政権を掌握すべく「摂家将軍《せっけしょうぐん》」（将軍の有名無実化）を擁立した北条氏と、それに反発した後鳥羽上皇率いる朝廷の対立があった。

もともと幕府の政治手法を快く思っていなかった朝廷側は、3代将軍実朝《さねとも》を介して幕府を朝廷側に取り込むよう画策していた。だが、その実朝が暗殺されると一気に不満が表面化し、1221年に承久の乱に発展したのだ。

さて、この乱のきっかけには意外な人物が絡んでいる。

実朝の死後、後鳥羽《ごとば》上皇は摂津国の長江と倉橋というふたつの荘園の地頭を解任するよう幕府に要求した。

しかし、幕府は理不尽な要求としてこれを拒否した。承久の乱はこの摂津国の地頭解任問題が、引き金になったと伝えられている。

以前から幕府に批判的だったとはいえ、上皇はなぜこんな要求をしたのか。

じつは、この2ヶ所を管理する領家職には亀菊《かめぎく》という上皇の愛妾《あいしょう》が就いており、その亀菊から「地頭たちが命令に従わない」という不満をぶつけられたからである。

このことは乱の顚末を記した書物『承久記』に記されているが、国家を揺るがす乱の原因としては、あまりに世俗的なエピソードである。

この乱で朝廷側は2万数千人で挙兵したが、対する幕府方では、義時《よしとき》の子・泰時《やすとき》を中心に12万人の兵を挙げて迎え撃ち勝利した。

そしてわずか1カ月で京都を占領、これにより鎌倉幕府の勢力はいっそう強固なものへと変わっていったのである。

幕府にはなぜ、御成敗式目が必要だった？

3代執権となった北条泰時が成し遂げた実績のひとつが、1232（貞永元）年に制定・施行された「御成敗式目《ごせいばいしきもく》」だ。これは武家社会における初の成文法で、別名「関東式目」とも呼ばれる。

具体的には武家社会独自の先例や慣習、道理などに基づき、51カ条を成文化し、守護や地頭の職務規定、所領の相続規定、行政、民事、刑事裁判の一般規定などが記されている。

いわば泰時は、大がかりな政治改革に着手したわけだが、このきっかけとなったのは幕府要人の相次ぐ死だった。

1221（承久3）年に勃発した「承久の乱」が収束すると、その3年後には2代執権の義時が没した。泰時はその後継者として就任したが、ほどなくして幕府の元老・大江《おおえ》広元《ひろもと》が亡くなる。大江は幕府創設に貢献した人物で、泰時の執権就任がスムーズに行われたのも広元の力によるところが大きかった。

そして、同年に尼将軍・政子も亡くなった。大きな信頼を寄せていた政子の死は、泰時にとって精神的なダメージが大きかったといわれている。それもそのはずで、北条氏の執権政治をここまで牽引してきたのは、老いてなお采配をふるった尼将軍だったからである。

幕政運営の中心人物を相次いで失った泰時は、必然的に政治のやり方を自分なりに確立するしかなかったというわけだ。

泰時は伯父にあたる頼朝にも愛され、いくつかの乱も経験し、思慮深い政治家だったと伝えられている。独裁よりは仁政の道を選び、その一方で朝廷には毅然とした態度を貫いたため御家人の信頼も厚かった。

そう考えれば、荒くれ者がはびこる武家社会において御成敗式目というルールづくりは泰時だからこそ成しえたといえるだろう。

西行、吉田兼好……
俗世を捨ててどうやって食べていた？

平安末期から鎌倉初期に生きた西行《さいぎょう》は出家し、旅をしながら歌を詠み、鎌倉末期から南北朝時代を生きた吉田兼好《よしだけんこう》は、人里を離れて隠遁生活をしながら随筆を書いた。共にあるときから俗世を捨てた人物だ。

西行は、複数の勅撰集に合計265首も入選した歌人であり、兼好は日本三大随筆のひとつ『徒然草《つれづれぐさ》』の作者としてあまりに有名である。

とはいえ、彼らには定職もなく、歌や随筆を執筆しただけでどうして生きていけたのか。答えは単純で、実家が裕福だったからだ。

西行の家は、代々「兵衛尉《ひょうえのじょう》」といって皇室の護衛を担当する名門の家柄だった。しかも、西行本人も御所の北側を守る精鋭部隊「北面の武士」として鳥羽院に仕えていたこともある。

世を捨ててからも、実家に手厚く支えられた西行は、旅には数人のお供を連れていったといわれている。

一方の兼好の実家も、代々朝廷に仕えた神職の家柄で、兼好は後二条天皇に仕えた官人でもあった。

兼好は兼好で山城国（京都）の土質のいい田んぼをポンと買う財産があった。その田んぼの上がりを生活費の一部にあてたり、田んぼを売って不動産業のようなことをすることで収入を得ていたという。

だからこそ、心おきなく和歌を学び、執筆活動に専念できたのだ。

[redacted]

鎌倉時代の経済の動きを簡単に言うと？

[redacted]

日本では奈良時代から平安時代にかけて貨幣が生まれたが、実際には庶民の間で使われることはほとんどなかった。特に農村社会を中心にして物々交換が日常的に行われており、なかでも米や布地、牛馬などは価値があるものとして多くの物品と交換されていた。貨幣経済は、当時の世の中にはなかなか根づかなかったのである。

しかし鎌倉時代になると、都市部を中心にして貨幣を使う人が増えて、貨幣経済が少しずつ浸透してきた。特に鎌倉時代中期になると、都市部で暮らす庶民にとって銭を持つということは生活をしていくうえで不可欠になっていた。

そうしたなかで、「銭は役に立つもの」という認識が広まり、人々の間には「いい生活を送るためには多くの金銭を持つことが欠かせない」という考えも定着していったのである。

しかし、そうなると人々の生活感覚も大きく変わっていく。

銭を多く持っていれば、多くのものを手に入れることができる。少ししか持っていなければ、わずかなものしか手に入らない。いうまでもなく、銭を多く持っている人は豊かな暮らしを送れるし、より多くの物品を手に入れるために、より多くの銭を手に入れようとするようになる。

その一方で、少ししか銭を持たない者は欲しいものを手に入れることができず、不自由な生活を送らなければならない。つまり、貨幣経済が浸透することで富める者と貧しい者との差がはっきりしてきたのだ。

そんななかで、特に生活が困窮するようになったのは、鎌倉や京都などの大都市で暮らす武士だった。

大都市では物品の流通も盛んで、ものがあふれている。大きな蓄えもない武士が、それらのあふれる物品を見て物欲をかきたてられて多くのものを買うようになれば、当然、銭が減っていき貧しい生活をする者も出てくる。貨幣経済の浸透が貧しい武士を生み出す背景にはそういう事情があった。

つまり、貨幣経済の浸透により、庶民や武士の間に新たな階層ができたわけだ。そして、この貧富の差がのちに新たな社会的問題を生み出していくのである。

貨幣の流通により、鎌倉幕府の財政基盤が整えられていったのはもちろんだが、その一方で、このような社会の変化ももたらされたのだ。

ちなみに、当時の銭の価値は、1文が200～350円くらいにあたる。また、銭として使われていたのは、おもに宋から輸入された宋銭（銅銭）だった。

新しく整備された鎌倉時代の流通システムとは？

貨幣経済が広まると、農産物や衣類、日常生活に必要な品々など、多くのものが流通するようになった。売る者と買う者がはっきり分かれ、商行為が増えていく。そして、ものを運搬するための交通手段も整備されるようになった。

そんななかで、港など交通の重要拠点に住んで物資の運送や保管、販売などを行う業者が生まれた。「問丸《といまる》」である。

これは、鎌倉時代に初めて生まれた職業ではなく、平安時代に荘園の年貢を輸送する仕事を請け負う業者としてすでに活動していた。それが、商品流通が盛んになり、米以外のものも輸送されて金で売買されるようになったために米以外の物品も扱う「問丸」という新しい職業が確立したのである。

さらに、港がある大きな町には「馬借《ばしゃく》」と呼ばれる陸上輸送専門の業者も生まれた。「問丸」は、船だけでなくこの「馬借」とも手を結んで、物品売買の仲介業者や運送業者としても仕事をするようになり、しだいに経済的にも大きな地位を築いていくのである。

また、「借上《かしあげ》」という金融業者も生まれた。これはいわゆる「高利貸し」である。物品が増え、貨幣経済の浸透する中で貧しいものも出てくるようになると、そういった者に高い利息で金を貸すのが借上だ。借上は無担保で金を貸すのが原則で、担保をとって金を貸す「質屋」とは区別されていた。

ものの流通のシステムが整備され、ますます貨幣経済が発展していく。それにつれて新しい職業も生まれたが、銭を持つ者と持たない者の差も広がり、富む者と貧しい者の差も大きく広がっていったのである。

どうして「元」は日本に攻めてきたのか

13世紀に入ると海の向こうではチンギスハンがモンゴルを統一した。モンゴル帝国は瞬く間に拡大し、孫のフビライの時代になると国号を「元《げん》」と定め、アジアの大半と南ロシアを征服し一大帝国を築き上げた。
そして1274（文永11）年、ついに元は日本に攻め入ってきたのである。
このとき元軍は嵐によって壊滅状態に追い込まれ、撤退を余儀なくされた（文永《ぶんえい》の役《えき》）。
1281（弘安4）年に再び襲撃を試みるも、またしても嵐に遭い上陸に失敗した（弘安《こうあん》の役《えき》）。これにより、日本はモンゴルの脅威をギリギリのところでかわしてみせたのである。

元寇のきっかけが何だったかといえば、日本に対して再三届けられた服属要求を第8代執権の北条時宗《ときむね》が徹底的に無視したことにある。では、時宗はなぜそこまで強気な態度をとったのだろうか。

元は1度目の襲来に至るまで6回も使者を派遣してきた。最初に国書が届けられたのが1268（文永5）年で、それを受け取った武将・武藤資能《むとうすけよし》は緊急事態として幕府に報告している。

外交面においてもすでに朝廷以上の力を持っていた時宗はこれを無視し、返事をしないことに決めた。むしろ元の侵攻の前兆と受け止め、国防に力を注いだのだ。

というのも当時、中国では現在の杭州を首都とした南宋が興っており、幕府が国際情勢を知る唯一の手がかりは国交のあった南宋の情報だった。

すでに南宋は元の脅威を受けており、大きな反感を抱いていた。したがって、その評判を耳にした時宗が、元に対して激しい拒絶反応を示したのは当然の成り行きだったのだ。ただ当時、偏った情報しか得られなかったことを思えば、時宗が元の実力と脅威をきちんと理解していたかどうかは怪しい。

結果として天に助けられはしたが、一歩間違えば日本も元の支配下におさめられてしまった可能性は十分考えられるのである。

幕府の出した「徳政令」が鎌倉社会に広げた〝波紋〟とは？

鎌倉幕府は将軍と御家人《ごけにん》との主従関係に基づく「御家人制《ごけにんせい》」が敷かれていた。御家人は幕府を支える武士たちのことで、将軍に奉公する代わりに所領や恩給を与えられるという図式である。

しかし、13世紀も終わりに近づくとこの制度が崩壊し始めた。御家人の生活は「惣領《そうりょう》制《せい》」という制度に基づいていたが、代々分割相続が義務づけられていたため所領はみるみる細分化され、御家人たちの生活が貧窮していったのだ。

そこで、1297（永仁5）年に御家人を救済する目的で「永仁の徳政令」が発布された。これには所領の売却や質入れの禁止、すでに売却した土地は無償で取り戻せることなどがうたわれた。

幕府がこの令の発布に踏み切ったのには、この少し前に起こった「元寇」の存在があった。

というのも、2度にわたる元寇によって御家人は大きな負担を強いられた。軍備における経済的な負担と精神的な負担である。

しかも、この戦いにおいては何の恩賞もなく、御家人は土地を得ることもできなかった。これにより御家人たちの幕府への不信感が強まったのはいうまでもない。

負担にあえぐ御家人は自分の所領を非御家人や高利貸しに売却したり、質入れしたりすることでその場をしのいだが、これが結果として御家人制の崩壊へとつながっていくのである。

「永仁の徳政令」はこうした事情を踏まえつつ発せられたわけだが、かえって経済の混乱を招いただけで救済の目的は達成されなかった。

後醍醐天皇の幕府打倒計画の裏に何がある？

元寇以降、指導力を失った幕府では滅亡へのカウントダウンが始まった。その口火を切ったのが、後醍醐《ごだいご》天皇による2度のクーデターともいうべき幕府打倒計画である。

発生は1324（正中元）年、天皇側は日野《ひの》資朝《すけとも》・俊基《としもと》らを中心に挙兵を企てた。だが、事前に計画の内容が漏れて失敗に終わってしまう。このとき、後醍醐天皇は自身の関与を否定し、なんとか処罰を免れた。これを「正中《しょうちゅう》の変《へん》」という。

時は流れて1331（元弘元）年、後醍醐天皇は、今度は子の護良《もりよし》親王を中心にまたも兵を集めようとした。「元弘《げんこう》の変《へん》」である。

ところが、このときも計画は事前に明るみになり天皇は笠置山に逃れた。そして、楠木《くすのき》正成《まさしげ》が挙兵して幕府軍と戦ったものの敗北。結局、天皇も捕らえられ隠岐へと流されたのである。

このとき後醍醐天皇が倒幕の旗を掲げたのには、ある理由があった。

1221（承久3）年の承久の乱以降、天皇家の権威は弱まりつつも、朝廷としての機能は失われておらず、それなりの勢力を保っていた。

だが、1272（文永9）年に後嵯峨《ごさが》上皇が世を去ると皇位継承問題が起こった。その結果、第二皇子である亀山《かめやま》天皇の「大覚寺統《だいかくじとう》」と、第一皇子である後深草《ごふかくさ》天皇「持明院統《じみょういんとう》」に分裂してしまう。そのため幕府は両統から交互に皇位につく（両統迭立《りょうとうてつりつ》）原則を打ち出した。

このとき幕府は、朝廷の皇位継承問題にも発言権を持つほど存在感を強めていたのである。

大覚寺統の後醍醐天皇が即位したのは、分裂騒動から半世紀近く経った1318（文保2）年だった。後醍醐天皇は院政を廃止し、自ら政治を行うことで朝廷の復権を目指した。そのためには当然幕府の存在が邪魔になる。

このころには元寇でダメージを受けた武士たちの幕府に対する不満も溜まっていた。これを追い風とみたのか、後醍醐天皇は倒幕の道へと突き進んだのである。

天皇家の分裂は南北朝時代へと発展する前代未聞の事態となった。後醍醐天皇によるこのクーデターは、その流れへと続く最初の事件でもあったのだ。

鎌倉幕府の滅亡の理由を簡単に言うと？

正中の変・元弘の変は結局実を結ばなかったが、後醍醐天皇は隠岐へ流された翌年の1333（元弘3）年、京都へと戻ってくることになる。鎌倉幕府との最終決戦のためである。

幕府滅亡の理由はいろいろあり、もちろん後醍醐天皇が引き起こした倒幕運動もひとつの要因であった。それと同時に、鎌倉幕府が次々と降りかかる問題に対応しきれず機能しなくなったというのも大きかった。

そんななか、滅亡を加速させることになったのは「得宗家《とくそうけ》」の崩壊だ。

鎌倉時代を実質牽引してきたのは北条氏だが、特に家督を継いだ者を「得宗」と呼んだ。つまり、得宗家とは北条一門の嫡流のことである（得宗とは2代義時が出家したときに名乗った法号）。

得宗家はきわめて独裁的だが、元寇あたりから御家人たちとの間に亀裂が生じる。14代執権で最後の得宗だった高時の時代には、「悪党」と呼ばれる武装集団や有力武士で構成される反幕府勢力の動きが目立ってきた。

だが、そのとき高時はこうした問題に対処できず、趣味であった闘犬や田楽にふけっていた。

各地で反幕府勢力が蜂起するなか、先の元弘の変で兵を率いた楠木正成も大坂の金剛山で挙兵、後醍醐天皇も隠岐を脱出し、鳥取の船上山《せんじょうさん》で挙兵した。

1333年には、反北条氏勢力として下野《しもつけ》の足利高《あしかがたか》（尊）氏《うじ》が六波羅探題《ろくはらたんだい》を上野の新田《にった》義貞《よしさだ》が鎌倉を占領して幕府は滅亡した。そして、後醍醐天皇は再び親政の道を目指すのである。

4

室町・戦国時代

幕府が倒れた後、後醍醐天皇は まず何をした？

1334（元弘4）年、鎌倉幕府を滅亡させた後醍醐天皇は政権を朝廷へと戻した。いわゆる「建武《けんむ》の新政《しんせい》」（建武の中興）である。

天皇親政が実現したきっかけは、なんといっても北条氏をはじめとする幕府勢力を滅ぼしたことに尽きるが、それに加えて後醍醐天皇がかねてからの「理想の実現」にこだわったせいでもある。その理想とは9世紀末から10世紀前半にわたる、平安時代の治世「延《えん》喜《ぎ》・天暦《てんりゃく》の治」だ。

当時は、皇室と並び藤原氏が存在感を強めていた。とくに藤原北家は隆盛を極め、良房やその子・基経による摂関政治が行われていた。

だが基経が死ぬと、宇多天皇、醍醐天皇、村上天皇はその地位に誰も置かず、自ら意欲的に政務を行った。こうした天皇家の権力回復の動きが、そのときの元号を用いて「延喜・天暦の治」と呼ばれているのである。

建武の新政においては、まず院政や摂政・関白が廃止された。そして国政の最高機関としての記録所（荘園を整理する機関）を復活させるなど、朝廷のもとに統一された社会の実現をめざした。

だが、それも長くは続かなかった。あまりにも武士の存在を軽んじたため、公家と武家が対立するようになってしまったのだ。

武家社会では武士が土地を支配することが当たり前だったが、後醍醐天皇はそれを否定し、土地問題については天皇の綸旨《りんじ》（命令書）を必要とするよう変更した。こうすることで武家社会のルールは根底から覆され、武士たちの反感を買ったのである。

成り立ちのきっかけが理想の追求なら、崩壊のきっかけはそれを否定する「中先代《なかせんだい》の乱」だった。１３３５（建武２）年に北条高時の子・時行が幕府の復権を狙って挙兵したものである。乱は結果的に失敗に終わったが、これを境に世の中は混乱をきわめ、建武の新政は３年あまりで幕を閉じた。

足利尊氏は、ニセの命令書をもとに挙兵したってホント？

足利尊氏《あしかがたかうじ》といえばもはや説明する必要のない室町幕府の初代将軍だが、ひと昔前の歴史書では悪評のみが伝えられた人物だった。

というのも、尊氏には幾度かの裏切りを経てその地位を得た「逆賊」という歴史的背景があったからだ。

尊氏はもともと源氏系の出身で幕府方に仕えていたが、後醍醐天皇の綸旨（命令書）を受けて天皇サイドに寝返り、六波羅探題に攻め入るなどの実績を残した。

建武の新政のピリオドを打つきっかけとなった「中先代の乱」が勃発したときも、それを平定する役目を負って鎌倉に下向している。

だが尊氏は、そのまま鎌倉に留まり独自の政権を樹立しようと挙兵する。つまり、今度は天皇に反旗を翻したのである。

鎌倉には北条氏を破った新田義貞がいたが、尊氏は「箱根・竹ノ下の戦い」で勝利し、1336（建武3）年には京都に進撃したもののここで敗れ、九州に撤退したが再び上洛し、「湊川《みなとがわ》の戦い」で朝廷側の楠木正成軍を打ち破った。そして、ついには権力を掌握したのである。

ところが、この時期の軍記である『太平記《たいへいき》』によれば、尊氏はもともと天皇を裏切って挙兵する気などなかったというのである。

当時、鎌倉には足利氏と対立した後醍醐天皇の子・護良《もりよし》親王が幽閉されていたが、尊氏の弟・直義《ただよし》によって殺されてしまった。そのため尊氏は朝廷を敵に回すのを嫌って、突然「仏門に入る」と言い出したという。

しかし、鎌倉にはライバルの新田義貞がいて、足利氏の苦戦は目に見えていた。困った直義は「仏門に入ろうが、京都に戻ろうが、足利氏は残らず処罰する」といった趣旨の偽の綸旨を作成した。これを見た尊氏は、やむを得ず挙兵を決意したというのである。

この偽の綸旨が本当に存在したかどうかは、もちろん今となってはわからない。だが、結果として尊氏の挙兵が新たな時代の扉を開いたのは間違いない。

南北朝時代に至った そもそもの原因は？

鎌倉幕府滅亡から次の室町幕府に移行するころは、「動乱」という言葉がよく使われる。ふたりの天皇とふたつの朝廷が存在するという、きわめて異質な事態が続いた時代である。

この「南北朝時代」は１３３６（建武３）年に始まり、半世紀あまり続いた。この分裂の引き金となったのが、足利尊氏による光明天皇の擁立である。

九州から京都へと攻め入り、建武の新政を崩壊させた尊氏は、光明《こうみょう》天皇を擁立し、後醍醐天皇に譲位を迫った。

皇室は1272（文永9）年の後嵯峨《ごさが》上皇の逝去以来、継承問題をめぐって分裂している。光明天皇は持明院統の後伏見《ごふしみ》天皇の子だった。

このとき後醍醐天皇は京都を逃れていたため、光明天皇は代々天皇が引き継ぐ「三種の神器」を得ないまま即位した。

やがて後醍醐天皇は三種の神器を光明天皇に引き渡すが、自身は吉野へと向かい、そこで「自分こそが正統な天皇。渡した三種の神器も偽物である」と宣言、南朝政権を打ち立てたのである。

これにより、持明院統（京都）＝北朝と、大覚寺統（吉野）＝南朝の対立が激化することになる。とくに南朝の後醍醐天皇は皇子たちを各地に派遣し、反北朝の姿勢をあらわにした。

北朝は多くの守護を味方につけて応戦し、以後、南北朝の分立は60年近く続いていくのである。

足利尊氏は
どんな国づくりを目指したの？

鎌倉幕府にとって代わった室町幕府は、ふたりの天皇が並び立つという時代に産声を上げた。１３３８（延元３）年、足利尊氏が征夷大将軍に就任したのである。

じつは尊氏は、建武の新政が終わるきっかけとなった１３３５（建武２）年の「中先代《なかせんだい》の乱」を収めるために鎌倉へ下った際、後醍醐天皇に征夷大将軍の地位を望んだといわれている。

その理由は鎌倉幕府を開いた源頼朝がやはり征夷大将軍の地位をほしがったように、東国討伐にはこの称号を持っていたほうが好都合だったからだろう。

だが、後醍醐天皇はすでに警戒心を強めていたのか、それを認可しなかった。結果としてこの直後に尊氏は反旗を翻し、１３３６（延元元）年、京都を占領した尊氏が光明天皇を擁立したことで吉野に逃れた後醍醐天皇が南朝を宣言し、南北朝時代が始まった。

そして尊氏は、後醍醐天皇に対抗して自身が擁立した光明天皇から念願の征夷大将軍を任命されたというわけである。

このとき尊氏は「建武式目《けんむしきもく》十七か条」を制定している。これは、尊氏の諮問《しもん》に二階堂是《にかいどうぜ》円《えん》や玄恵《げんえ》など、僧侶や儒者による法律家が答弁してつくられたものである。

「倹約励行」や「群飲佚遊《ぐんいんいつゆう》の禁」（大勢で飲み歩いたりしないこと）、「礼節重視」などの細かい生活態度から、「私宅点定《したくてんじょう》の禁（他人の土地を押領したりしないこと）」や「賄賂の禁」、「心正しき者の登用」「貧乏人の訴訟を第一とすべきこと」といった項目が並べられた。

この建武式目は、尊氏の考えがはっきりと打ち出された施政方針だった。貴族ばかりを偏重した建武政権への批判もたっぷり込められたこの式目は、まさしく室町幕府創設のきっかけになったのである。

技術はあったのに、室町幕府が貨幣を鋳造しなかったのは？

平安時代の末期から鎌倉時代にかけて貨幣経済は発達していき、第一のピークを迎えたのは室町時代だったといわれる。しかし、この時代にはどういうわけか日本独自の貨幣は存在しなかった。

皇朝十二銭《こうちょうじゅうにせん》の最後の貨幣である「乾元大宝《けんげんたいほう》」が958（天徳2）年に発行されて以降、国内では貨幣がつくられていなかったのだ。日本で使われていたのは、中国から輸入した渡来銭である。

平清盛の時代から鎌倉時代にかけては宋銭が、室町時代に入ると明銭が大量に輸入されている。足利義満が日明貿易を開始した目的のひとつは、明銭の輸入にあったともいわれているほどだ。

このころには経済のなかで貨幣は欠かせないものになってきていた。しかも貨幣の鋳造技術も持っていたのに、なぜ室町幕府は輸入に頼っていたのだろうか。これにはいくつかの理由が考えられている。

ひとつは「朝貢貿易」というスタイルで輸入ルートを独占することで、幕府は貨幣の発行権を得たのと同じ意味を持っていたというものだ。

貨幣を鋳造するには、素材となる鉱山や労働力を確保する必要がある。だが、政治基盤が盤石ではなく、財政的にも苦しい幕府にはそれが難しかったのだ。輸入という形をとりながら、明に貨幣鋳造を代行してもらっていたような形になっていたわけである。

ちなみに、明では銅銭の使用が禁じられていた時代にも銅銭がつくられており、これはあきらかに輸出用に鋳造していたとみることができる。

また、この時代にはすでに明を中心とした国際的な貿易経済圏ができていた。そのなかで日本の貨幣を発行しても、明銭のような信用を得られなかったためではないかという見方もある。

「市」「座」って実際、どんな仕組みだった？

鎌倉時代に貨幣経済が広まると、「市」が盛んに開かれるようになった。銭を持っていればいろいろなものを手に入れることができる市は、この時期に規模を拡大していき、扱われる品物も農産物を中心に工芸品や日用品などさまざまだった。

といっても、かなり遠方から牛馬などを使って運ばれてきた品々が並ぶ大規模な市が広がるのは江戸時代になってからである。

この時代には、近隣の農家などから自分の家で消費する以外の余剰の生産物を運んできて売るようなことが多く、まだ本格的というわけではなかった。ただしその分、その土地の特徴のある物産が並んでいたと思われる。

また、貨幣経済が広まって経済の仕組みも整ってきた鎌倉時代に「座」というシステムがつくられて、商業の発達を大きく後押しした。

「座」とは、朝廷や貴族、寺社などに一定の営業税を支払えば、営業や販売の独占権が与えられるというものだ。今でいえば同業組合のようなものであり、この「座」を組むことによって商人たちは自分たちの利益を守っていたのである。

この仕組みは、じつは平安時代に始まったものだが、鎌倉時代に制度として整い、室町時代になって定着した。そして、全国各地で「座」がつくられていったのである。

ちなみに、おもな「座」には材木座、絹座、炭座、米座、檜物座、塩座、魚座などがあった。

また、物品の輸送が盛んに行われたので関所も整備された。

この時代は、まだ朝廷や幕府、荘園領主、有力寺社などがそれぞれ勝手に関所を置き、通行税を徴収するのがふつうだった。

もちろん、通行税を払わなければならないのは通る者にとっては大きな障害だが、ただし通行税をとった側は、払った者の安全を確保しなければならないという務めがあった。つまり、安全を金で買うようなシステムだったのだ。

しかし、関所は商人たちが移動するのを制約することにもなり、物流の拡大にも妨げになるなどの問題があった。経済社会が発展するためには、この関所を撤廃する必要があった。それが実現されるのは、もっと後の時代になってからである。

室町幕府の経済政策がうまくいかなかった原因は？

室町時代になると、「座」の数は飛躍的に増加する。販売するだけでなく、注文生産や市場に出すためにものをつくることも増えた。

鎌倉時代には京都や奈良が中心だったが、さらに全国的に結成されるようになり、商工業が全国で発展することになる。特に、その地方の特徴を生かした特産物の生産も盛んになった。

また、「市」も頻繁に開かれるようになった。鎌倉時代には月に3回の「三斉市《さんさいいち》」がふつうだったが、室町時代後半になると月に6回の「六斉市《ろくさいいち》」が一般的になる。また、京都の米市、淀の魚市などと特定の商品だけを扱う市もできた。

一方、都市では店構えをもった小売店が並ぶようになり、「見世棚」と呼ばれた。さらには行商人が活動するようになるのもこの時代である。

こうして商品経済がいよいよ盛んになると、当然のことながら貨幣もより多く流通するようになり、貨幣はますます一般化するようになっていった。

そのなかで、経済力のある商家は「土倉《とくら》」という高利貸し業者も兼ねていた。また、物品を運搬する「馬借《ばしゃく》」「車借《しゃしゃく》」という運送業者も増え、遠隔地での商取引を便利にするために貨幣そのものではなく、代わりに「為替」を用いるシステムがつくられたのもこの時期である。

これほど貨幣経済が浸透した室町時代だが、しかし、室町幕府はいろいろな財政基盤を持ちながらも脆弱で社会的な信頼性がなかった。そのために室町幕府は貨幣を造れず、中国から入ってくる銅銭が社会に一般的に流通していたのである。

特に明の「永楽銭」は大量に輸入され、日本でも広く流通した。しかも永楽銭はきれいだったので人々も好んで使ったという。

国内では依然として粗悪な私鋳銭が多く出回っていたが、人々が好んで永楽銭を使おうとしたので、私鋳銭の価値が下がって、経済の混乱を招いたのは前述したとおりである。そこで、幕府や大名は何度も「撰銭令《えりぜにれい》」を出さなければならなかった。

これは、質のいい貨幣だけを使おうとする民衆に対して「銭を選んではならない」ことを定めた法令で、質のいい貨幣と悪い貨幣との間で価値が異なるために生まれるトラブルを食い止め、貨幣の価値を一定に保とうとするのが目的だった。しかし実際は、ほとんど効果はなかったといわれる。

大名になることができた守護の特徴は？

新たな幕府を創設した尊氏だったが、その政治機構は鎌倉幕府をほぼ踏襲するものだった。

中央は「管領《かんれい》」と呼ばれる幕府の最高責任者ら（足利氏系の細川《ほそかわ》、斯波《しば》、畠山《はたけやま》の3氏に限られる）が中心となり、その下に侍所や政所が置かれた。

一方、地方は武家政権発祥の地である鎌倉に鎌倉府、ほかに奥州、羽州《うしゅう》、九州に各探題を設置した。なかでも鎌倉府は幕府の代行機関で、尊氏の次男の子孫が代々「鎌倉公方」として仕切り、それを関東管領の上杉氏が補佐するという形がとられた。

そんななか、勢力を拡大したのが守護大名である。

守護大名はこの後もめきめきと力をつけ、強い発言力を持つようになるのだが、いったい何をきっかけにこれほどまでに存在感を強めたのだろうか。

守護にはもともと「大犯三箇条《だいぼんさんかじょう》」といって、大番催促《おおばんさいそく》（御家人を朝廷の警備に動員すること）、謀反人逮捕、殺害人逮捕の権限があった。

それが室町時代に入り、苅田狼藉《かりたろうぜき》（不法な作物の刈り取り）の取り締まりや、使節遵行（判決を実力で守らせる）など、過分とも思えるような権限までもが与えられたのである。

また尊氏は、軍事費をまかなうために「半済」も採用した。これは荘園の年貢の半分を兵糧料として守護が徴収する権利である。

最初は1年間の限定で試行されたが、守護の力が強くなると恒常化し、ついには荘園を支配して年貢の請負（守護請《しゅごうけ》）までも行うようになった。

こうして任国の武士らと主従関係を結んでいくことにより、単なる役職以上の「大名」としての性格を強く持ち出したのである。

南北朝時代を終わらせた本当の立役者とは？

中国の南北朝時代といえば１５０年あまりも続いたが、日本のそれは56年間で統一に至った。といってもふたりの天皇が存在した期間が半世紀以上もあったというのはやはり異常事態といっていいだろう。

では、その異常な状態を正常に戻したのは誰か。第3代室町幕府将軍・足利義満《よしみつ》である。

南北朝対立の構図をつくった後醍醐天皇は、南朝を宣言した3年後の１３３９（延元4・暦応2）年に吉野で死去した。取り巻きだった新田義貞や北畠顕家《きたばたけあきいえ》、楠木正成らも戦死し、南朝の勢力は北畠親房《ちかふさ》を中心とする吉野付近の武士たちだけだった。

一方、畿内の南朝勢力は衰えたが、後醍醐天皇の皇子・懐良《かねなが》親王は九州へと渡り大宰府を拠点に勢力をふるった（大宰府征西府）。だが、その栄華は約10年で終わり、最後は北朝方の九州探題・今川了俊《いまがわりょうしゅん》に制圧されている。

ところで、この時代は幕府もまだ統制がとれていなかった。

初代将軍・尊氏が開いた室町幕府は弟の直義《ただよし》との二頭政治だった。尊氏側には執事である高師直《こうのもろなお》がついていたが、対立する直義が殺害。その直義も尊氏によって毒殺されてしまうのである（観応《かんのう》の擾乱《じょうらん》）。

武家社会では惣領制が崩れ、惣領と庶子が対立し、混乱は長期化した。

そんななか、3代義満の時代にひとつの事件が勃発する。１３９１（明徳2）年、足利の一門である山名氏清が幕府に対して反乱を起こしたのである（明徳《めいとく》の乱）。

山名氏清は全国66カ所のうち、中国・近畿の11カ所の守護を兼ね「六分一殿《ろくぶのいちどの》」と呼ばれる守護大名だった。発端は、義満が膨らみすぎた氏清の権力を弱めようとしたことで、氏清はその挑発に乗る形で反幕府を掲げたのだ。

しかし、この戦いの軍配は義満率いる幕府軍に上がる。最有力守護である山名氏清を滅ぼしたことは、同時に幕府の脅威を取り除いたことになった。

有力守護の弱体化に成功した義満の次なる野望は反幕府勢力と結びつきやすい南朝の解体だった。

1392（明徳3）年、義満は南朝の後亀山天皇に和平を申し入れた。すでに衰退していた南朝はこれを受け入れ、北朝優位のもとで南北朝の統一は果たされた。

ところで、これにて一件落着にみえたが、長きにわたる動乱で庶民の生活は少なからず影響を受けた。とくに農民は荘園の枠を超え、しだいに団結していったのである。

「応永の乱」に見え隠れする足利義満の野望とは？

義満が自らの政治を実現するには、もうひとつ潰しておかなければならない勢力があった。それが山名氏亡きあとに最有力守護となった大内氏である。1399（応永6）年に起こった「応永《おうえい》の乱」は、その大内氏を義満が倒した戦いだ。

大内氏は周防《すおう》や長門《ながと》といった中国の6カ国を束ねる守護大名だった。14世紀末には義弘がその地位についており、明との貿易（日明貿易）で利益を得るなど、名実ともに実力者となっていた。

乱の始まりは、義弘の謀反ということになっているが、じつはこの裏には対明貿易の独占を狙った義満の策略がある。

まず、義満は先の明徳の乱で功績を挙げた義弘を重用した後、突如として冷遇し、義弘の不安を駆り立てた。そして義弘の所領を少しずつ召し上げたり、九州の少弐《しょうに》氏に義弘討伐の密令を出すなどして揺さぶりをかけたのだ。

さまざまな風評に疑心暗鬼になった義弘は、ついに反幕府ののろしを上げた。というより、厳密にいえば義満がそのように仕向けたのである。

大内軍は堺に城塞を築いて幕府軍を迎え撃った。戦いは20日間あまり続いたが、最後には義弘が討たれ大内軍の敗北が決まった。

じつは義満は、このときすでに征夷大将軍の座を子の義持《よしもち》に譲ったあとだった。といっても政界を引退したわけではなく、むしろ将軍以上に権勢をふるっていた。

そのことひとつをとっても、義満の野望が並々ならぬものだったことがうかがえる。そう思えば、大内氏に乱を起させることなど容易いことだったのかもしれない。

「勘合貿易」のメリットは
どこにあったのか？

この時代の日本には〝海賊〟が存在した。中国や朝鮮と私貿易を行い、略奪を繰り返した「倭寇《わこう》」と呼ばれる者たちである。

倭寇の出現は14世紀の中ごろ、対馬《つしま》や壱岐《いき》を本拠地とした土豪や商人らが、朝鮮半島に上陸して穀物や住民を襲ったのが始まりだ。常に集団で行動し「八幡大菩薩」という旗印を立てた船で暴れまわったので、この船は「八幡船」とも呼ばれた。

同時期、中国では元に代わって明《みん》王朝が興っており、アジアの15カ国が朝貢していたが、日本に対しては朝貢のほか倭寇の取り締まりも要求してきた。

中国との国交を復活させたいと考えた義満は、朝貢を受け入れる形で貿易を再開した。これにより１４０４（応永11）年、「勘合貿易《かんごうぼうえき》」が始まったのである。

勘合貿易の「勘合」とは、１枚の文書を「日本」の2文字が分かれるよう中央より折半して分けた一種の割符で、「本」の文字が入った勘合符を日本側が、「日」の文字が入った底簿《ていぼ》を明が持つというものだ。

この方法を採用したきっかけは、もちろん倭寇と正規の貿易船を区別するためだ。明では日本から貿易船が到着すると、勘合を底簿と照合するようにした。これによりしだいに倭寇はなりをひそめるようになったのである。

日本からは硫黄や扇が輸出され、明からは銅銭や生糸などが輸入された。ただ「朝貢」という言葉からもわかるように、日本と明はけっして対等な立場ではなかった。それでも、使者の滞在費や帰国費などは明側の負担だったので、貿易による利益は大きかった。

いったん沈静化した倭寇だが、16世紀に入ると再びその名が浮上してくる。14～15世紀ごろを「前期倭寇」、16世紀を「後期倭寇」と呼んでおり、後期倭寇の多くはほとんど中国人だったと伝えられている。

正長の土一揆で幕府に走った激震とは？

「日本開闢以来、土民蜂起、これが初めなり」。

のちに中世の歴史書『大乗院日記目録《だいじょういんにっきもくろく》』にこう記されたのは、1428（応永35）年に起こった「正長《しょうちょう》の土一揆《つちいっき》」である。

室町前期の混乱の中でその影響を受け、じわじわと不満をためていったのが中小の農民たちだ。一揆はそうした人々による農民闘争で、15～16世紀の間だけでも40件あまりが記録に残っている。その最初が正長の土一揆というわけだ。

このころの農民たちは「惣《そう》（惣村）」という自治組織のもとに生活しており、それが複数集まってひとつの「郷《ごう》」を形成した。これが土一揆の基盤である。

正長の土一揆のきっかけは、豊作凶作にかかわらず領主への年貢を強いられ、借金まみれになった農民たちによる反乱だった。まず、近江に住む坂本の馬借《ばしゃく》が徳政を要求し、それに呼応する形で奈良など大都市の農民も立ち上がった。

それでも徳政令は出なかったため、農民たちは金貸しを行っていた酒屋や寺院を襲うようになった。冒頭にあるように、その様子はまさしく日本始まって以来の〝民の蜂起〟だったのだろう。

ちなみに室町幕府が徳政令を発布したのは、1441（嘉吉《かきつ》元）年に起こった「嘉吉の土一揆」の後である。

ところで、一揆には種類がいくつかある。正長の土一揆のように、惣村が属する荘園の枠を超えて広範囲に団結して立ち上がった「土一揆」と、国人と惣村が連帯して守護大名の支配を排除しようとした「国一揆」、浄土真宗（一向宗）の信徒が起こした「一向一揆」などだ。

1485（文明17）年には「山城の国一揆」が起こっているが、そのきっかけは1467（応仁元）年の応仁の乱後も争いを続けていた畠山軍を退去させるためで、結果として一揆は成功し、以後8年にわたって農民たちによる自治がかなった。

また、1488（長享2）年には加賀国で「加賀の一向一揆」が勃発した。こちらは浄土真宗の信徒が守護の富樫《とがし》氏に反乱を起したのがきっかけで、富樫氏を追放したあと、およそ100年間にもわたって自治が行われた。

世の中はやがてくる戦国時代を迎えようとしていたが、こうした一揆も遠因のひとつといわれている。

「応仁の乱」勃発までの知られざる経緯とは？

日本をまっ二つに分けた中世最大の争いといえば「応仁の乱」だ。1467（応仁元）

年に始まり、11年間にもわたって続けられたこの乱は、総勢30万人あまりの兵が動員され、主戦場であった京都を焼け野原にした。

この騒乱の発端といえるものは複数ある。まずは将軍家の跡継ぎ問題だ。

このとき第8代将軍の座に就いていたのは足利義政《よしまさ》である。子どものいなかった義政は弟の義視《よしみ》を後継者としたが、妻の日野富子《ひのとみこ》に義尚《よしひさ》が生まれると義尚を将軍にしたい富子と義視の間に亀裂が生じた。

一方、この時期は土一揆が頻発するなどして世の中が混乱していたが、義政はそれを収める政治能力に欠けていた。そのため幕府の実権を握るべく、管領の細川勝元《ほそかわかつもと》と四職の山名持豊《やまなもちとよ》の対立が生まれた。そして、義尚を推す富子は細川氏を、義視は山名氏をそれぞれ頼り、幕府は二派に分かれた。

さらに、そこへ三管領の畠山氏・斯波氏の家督争いが加わる。畠山家では養子の政長《まさなが》と実子の義就《よしひろ》が、斯波氏ではいずれも養子の義敏《よしとし》と義廉《よしかど》が激しいにらみ合いを続けており、一触即発の事態になった。

そこへ細川氏対山名氏の争いが結びつき、政長と義敏は細川派に、義就と義廉が山名派につき、さらにそれぞれに勢力ができあがって大規模な戦いへと発展してしまったのである。

このようにいくつかの問題が合わさっているが、共通するのはすべて後継者問題だということである。

とくに将軍家のそれについては、とにかく日野富子の評判が悪い。日ごろから米相場や大名への高利貸しを行ったり、京都の入り口に関所を設けて関銭を徴収したりとやりたい放題だった。この乱の最中にも敵方に金貸しを行っていたともいう。

だが、政治に関心を持たず、趣味にばかり熱心だった（それにより東山文化を築いたが）義政の無策を考えれば、富子の政治介入は致し方ないことだったのだろう。

乱は両軍の総帥である細川勝元と山名持豊が相次いで病死したため、１４７７（文明９）年、はっきりした勝敗もつかず収束した。

この結果、守護大名の留守中に守護代や土豪などが農民を支配して実力を蓄え、下の者が上の者を倒す「下克上」の風潮が現れた。これが戦国時代への序章であった。

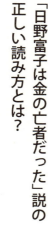

「日野富子は金の亡者だった」説の正しい読み方とは？

室町時代の日野富子といえば将軍の正室でありながら金に汚い女といわれ、歴史に名を残す悪女として語り継がれている。

名門日野家から16歳で八代将軍足利義政に嫁いだ富子は、夫の側室を次々と城から追い出し、息子義尚を将軍にするために「応仁の乱」を引き起こした。しかも、その混乱の最中に高利貸や米相場で暴利をむさぼり、京都に7カ所も関所をつくって関銭《せきせん》を徴収するなど、悪評高い金儲けで巨万の富を築いた。

通説では、その金で贅沢三昧の暮らしをしたといわれているが、財力にものをいわせて政治にも口を挟み続け、57歳で没するころにはその金をきれいに使いきっていたというのだ。

このように「金の亡者」と評されることの多い富子だが、彼女が私利私欲のために金儲けに走ったのかというと、あながちそうとは言い切れない。夫の義政が政治に無関心だったからだ。

世の中が大飢饉になり、多くの民が京都に救いを求めてやってきても、自分の豪邸をつくるために税金を取り立てたり、飢えに苦しみ命を落としていく民の間を通って平気で物見遊山に出かけたりしていた。

さらに、趣味の陶器や絵画を買い集めることに夢中になり、将軍としてなすべき政策をまるでしていなかったのだ。

富子が金儲けをしなければ義政の暮らし向きは成り立たないほどで、数々の利権行為や政治介入も不甲斐ない夫の代わりにしかたなく行った内助の功だったとする見方がある。実際、朝廷の御所が焼けた際には修復のための莫大な費用をポケットマネーから出したり、京都の寺社へ寄進していた一面もある。

悪い評判だけがクローズアップされてしまうのは、世の常なのだ。

幕府の弱体化をさらけ出した「明応の政変」の顚末は？

15世紀も押し迫ってくると、いよいよ世の中は戦国時代へと突き進む。その最たる要因は、なんといっても室町幕府の弱体化にあった。１４９３（明応２）年、それを象徴するひとつの事件が起きる。「明応《めいおう》の政変」である。

明応の政変は細川勝元の子・政元《まさもと》が起こしたクーデターだ。その引き金となったのは、またしても足利将軍家の後継者問題である。

応仁の乱を経て第９代将軍の座には足利義尚が就いたが、この義尚が25歳という若さで世を去ってしまったため、またしても足利家は跡継ぎ問題に揺れることになる。

義視の子・義材《よしき》（のちの義稙《よしたね》）を擁立する勢力と、義政の弟である政知《まさとも》の子・義澄《よしずみ》を擁立する勢力が対立したのだ。

だが、結局は義材の伯母にあたる日野富子の推挙もあって、第10代将軍は義材に決まった。

一方、義澄派の先陣を切っていたのが細川政元だ。政元は勝元亡き後、幼くして細川家の家督を継ぎ、最終的に応仁の乱の和睦を実行した人物である。

実権を握りたい政元は、義稙が都を留守にしている間にクーデターを起こした。そして義澄を無理矢理将軍に仕立てたのである。

このクーデターには日野富子の協力もあった。義稙を推挙した富子がなぜ当の義稙を廃す動きに加担したのかというと、義稙が富子に反発するようになり、富子のあてがはずれてしまったからである。

いずれにせよ、政元のクーデターは成功した。以後、将軍を傀儡《かいらい》として権勢をふるったことから、政元は「半将軍」の異名をとったのである。

その後、政元は家督争いから暗殺され、将軍義澄は一度追い出した義稙によって追われることになる。

鉄砲伝来は、偶然の上に偶然が重なる奇跡の出来事だった⁉

日本全土に下克上の風潮が広がり、あちこちで戦乱が起こるなか、１５４３（天文12）年にはその戦い方に大きな影響を及ぼす出来事が起こった。種子島《たねがしま》を訪れたポルトガル人によって鉄砲が伝えられたのである。

じつは、このポルトガル人こそが日本人が初めて接触したヨーロッパ人だった。では、なぜポルトガルの船はこの時期、唐突に種子島にやってきたのだろうか。

このころのヨーロッパはルネサンスや宗教改革を経て、各国は植民地を求めて東洋へと進出するようになっていた。15～16世紀の大航海時代のポルトガルはインドや中国を根拠地としていた。

１５４３年、３人のポルトガル人や中国人１００名あまりを乗せて中国を出航した南蛮《なんばん》船《せん》は、台風に巻き込まれ琉球諸島にたどり着く。だが、このころは後期倭寇が活動しており、どの島も警戒して上陸を拒まれた。

そして、なんとかたどり着いた先が種子島だった。つまり、鉄砲が最初に種子島に伝えられたきっかけは「単なる偶然」だったのである。

14代島主・種子島時堯《ときたか》は初めて見る武器に興味を示し、2000両という大金で鉄砲2丁を購入した。そして家臣にその製造法や使用法を学ばせたという。

ちなみに、このことに関してはちょっとした逸話が残っている。

鍛冶屋の金兵衛《きんべえ》という男が鉄砲の構造がわからずポルトガル人に尋ねたところ、娘を娶《めと》らせるならば教えると交換条件を出されたという。

島主の命令に忠実だった金兵衛が頭を悩ませていると、それを察した娘は自ら涙を飲んでポルトガル人のもとへ嫁いだ。この話は娘の名をとって「若狭姫《わかさひめ》の悲劇」として今も島に伝えられている。

若狭が実在の人物かどうかははっきりとはしないが、少なくともポルトガル人から教わった手法で鉄砲がつくられ、戦国時代の武器として利用されていったのは確かだ。

これには、鉄砲が伝わる以前から種子島が「製鉄が盛んに行われていた島」だったという背景がある。

船が種子島に漂着したのは単なる偶然だったかもしれない。だが、製鉄の歴史があったこの島に最初に伝わったからこそ、この未知なる武器が日本に普及したとも考えられるのである。

ザビエルに日本での布教を決意させたある出来事とは？

フランシスコ・ザビエルといえば日本にキリスト教を伝えた人物だ。その名前はあまりにも有名で、知らない人はまずいない。だが、その来日のきっかけとなった日本人の存在についてはそれほど知られていないのではないだろうか。

ザビエルを乗せた船が鹿児島に来航したのは１５４９（天文18）年。その7年前にザビエルは布教を目的にインドにやってきた。そこで鹿児島の下級武士であるアンジロー（ヤジロウともいわれる）に出会う。

アンジローはもともとクリスチャンではなかったが、その人柄に感心したザビエルが神学校への入学を薦め、キリスト教を学ばせた。そしてアンジローを通じて日本を知り、その日本での布教を決心したのだという。

しかし、まだ一般人が外国に出入りすることなどほとんどなかった時代に、アンジローはなぜインドにいたのか。

アンジローは過去に人を殺しており、その追及を逃れるために鹿児島に停泊しているポルトガル船に乗り込み、国外脱出を試みたという。

そして、現地で布教活動を行っていたザビエルにその罪を告白したことを知るポルトガルの商人に勧められ、マラッカへと向かい、そこで2人は対面した。

ちなみに、ザビエルに人柄を認められたことや、帰国後に日本ですんなり受け入れられたところをみると、殺人といっても凶悪なものではなく過失や不可抗力だったのではないかとも推察されている。

どちらにせよ、アンジローとの出会いがザビエルを極東の地・日本へと向かわせたきっかけだったことは間違いない。

ザビエルは2年間布教活動を行った後、再びインドに戻り、二度と日本へ来ることはなかった。そして、アンジローはそのまま日本に残り、最後は何者かによって殺害されたとも伝えられている。

桶狭間の戦いの原因と結果の法則とは？

群雄割拠《ぐんゆうかっきょ》の戦国時代も佳境に入った16世紀半ば、尾張から織田《おだ》氏が台頭してきた。織田氏はもともと守護・斯波氏の守護代だったが、下克上により織田信秀《のぶひで》が戦国大名として進出する。

その地位をより強固にしたのが息子の信長である。信長は尾張の清洲《きよす》を根拠地として躍進し、1560年にはその名を全国にとどろかせた。その契機は今川義元《いまがわよしもと》を相手に戦った「桶狭間《おけはざま》の戦い」である。

義元は駿河《するが》、遠江《とおとうみ》、三河《みかわ》を支配する戦国大名だった。

今川氏はもともと駿河の守護の名門で、兵力でも織田氏を完全に上回っていた。織田軍が2000人だったのに対し、今川軍はその10倍以上の2万5000人を擁したというから、その数字を見ても力の差は明らかだろう。

だが、信長は真の敵は今川義元ただ一人と考え、緻密な情報網を設けて敵の本陣を割り出して襲撃した。そして、そのなかからあっさりと今川義元を見つけ出し、みごと首をとったのである。終わってみれば織田軍の圧勝だったのだ。

ところで、この戦いでいまも意見が分かれるのは、今川軍の尾張侵攻の真の目的である。

ひとつは上洛、つまり幕府を転覆させ実権を握るための過程であったという説。もうひとつは、上洛が目的ではなく最初からライバルの織田氏を襲ったという説だ。

今川氏は武田氏や北条氏とも結びついていて基盤はがっちりしていたため、中央へと足が向かったというのも頷ける。だが一方で、やはり中央の覇権を得ることは難しいと理解したうえで、織田氏を倒して領土を広げ、中央での優位な地位を目指したのではないかというのが定説だ。

しかし、いずれであったとしても信長の奇跡的な勝利の前では水泡に帰した。この戦いでは信長の知将ぶりだけが目立ったのである。

信長が、結局最後に室町幕府を崩壊に追い込んだのは？

南北朝時代から戦国時代と、史上まれにみる動乱の世の最後は有名無実化した室町幕府の崩壊という形で幕が下ろされた。

幾度かの後継者問題による危機を乗り越えつつも、もはや何の力も残っていなかった室町幕府。その崩壊への序曲は、第13代将軍・足利義輝の暗殺に始まった。

義輝を暗殺したのは、三好長逸《みよしながやす》、政康《まさやす》、岩成友通《いわなりともみち》の三好三人衆と、家臣の松永久秀だった。幕府でも実力者だった三好家と家臣のこの暴挙は、明応の政変あたりからこじれた将軍家の後継者争いが背景にある。

1568（永禄11）年、幕府はしかし再興された。信長が足利義昭《よしあき》を征夷大将軍に擁立したのである。

同時期、地方では毛利元就《もうりもとなり》が長門《ながと》・周防《すおう》を統一し、美濃《みの》の齋藤道三《さいとうどうざん》が息子・龍興《たつおき》に殺された。上杉・武田の両氏は川中島の戦いを繰り広げるなど、戦国大名が支配領域をめぐって争いながら、勢力拡大を目指していた。

桶狭間の戦いに勝利した信長も、もちろんそのひとりだ。信長は松平元康《まつだいらもとやす》（のちの徳《とく》川家康《がわいえやす》）と結び、西方への進出をはかる。

さらに齋藤龍興を破って上洛し、将軍・義昭を擁立することで政局をコントロールしようとしたのである。

しかし、その義昭は実権をもてないことにいら立ち、武田氏や毛利氏、さらには本願寺を味方につけ信長と対立した。

だが武田信玄が病死し、延暦寺が焼き討ちに遭うと、義昭は信長によって京を追われ、室町幕府は崩壊したのである。

明智光秀の謀叛の動機をめぐる本当のナゾとは？

飛ぶ鳥を落とす勢いの織田信長は、室町幕府が滅んだことで天下統一に乗り出した。

1575（天正3）年には「長篠《ながしの》の戦い」において武田信玄《たけだしんげん》の子・勝頼《かつより》を破っているが、この勝因のひとつが鉄砲隊の導入だった。さらにキリスト教を支援し、一方で延暦寺の焼き討ちなど旧勢力を弾圧する。

ところが、天下統一まであと一歩というところで信長は命を落としてしまう。家臣の明智《あけち》光秀《みつひで》の裏切りにあったのだ。1582（天正10）年に起こった「本能寺の変」である。

このときの信長にとっては中国の毛利輝元《もうりてるもと》が最大の敵であった。家臣の羽柴《はしば》（豊臣《とよとみ》）秀吉《ひでよし》を備中へ送り攻撃をかけていたが、毛利側が援軍を呼んだことを知ると自ら進軍し、わずか数十名の小姓を引き連れて本能寺へと入った。

一方の光秀は多くの家臣を連れ備中へ向かっていたが、途中で進路を変更し本能寺へと入る。そして、1万3000の兵とともに本能寺を襲い信長を自害に追い込んだのである。

この「本能寺の変」はなぜ起きたのか。というより、なぜ突然光秀が信長に反旗を翻したのか、その動機はいまも謎とされているのだ。

真っ先に考えられるのが光秀の私怨だ。この少し前から光秀は冷遇されており、両者の間には溝があったという背景がある。また、事の重大さからいって光秀側に協力者がいたとする説もある。秀吉や家康、朝廷も含めてその可能性は少なからずあるだろう。

さらには陰の黒幕の可能性も囁かれている。よくいわれるように信長は知的で優秀な武将であったが、その一方で部下の進言にも耳を貸さないエキセントリックな性格だった。そんな信長が天下人となり日本を治めることを危惧した人間が、光秀を使って信長を襲ったという説である。

当の光秀は、信長殺害の一報を受け備中から戻ってきた秀吉軍との「山崎の戦い」において殺された。もちろん真相はいまとなっては知る由もなく、本能寺の変は信長の最期を伝える事件として謎のまま語り継がれている。

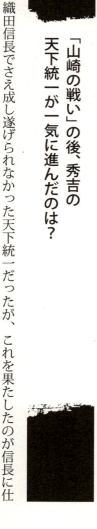

「山崎の戦い」の後、秀吉の天下統一が一気に進んだのは？

織田信長でさえ成し遂げられなかった天下統一だったが、これを果たしたのが信長に仕えていた豊臣秀吉（当時は羽柴）である。

秀吉の地位が確立されたきっかけは、1582（天正10）年の「山崎の戦い」において明智光秀を討ち取ったときだ。これにより、夢半ばに敗れた信長の統一事業は後継者である秀吉に引き継がれていく。

その前にはいくつかの壁が立ちはだかっていたが、1583（天正11）年には北陸の柴《しば》田勝家《たかついえ》を「賤ヶ岳《しずがたけ》の戦い」で破り、翌年には信長の子・信雄《のぶかつ》・徳川家康の連合軍と小牧・長久手で戦い、臣従を誓わせている。

そして、その2年後の1585（天正13）年、四国を制した秀吉はついに「関白」に任命された。じつはこの関白という地位が、秀吉に天下統一を実現させた間接的なきっかけになっている。

関白は天皇の補佐として国政を任されるポジションである。秀吉はこの立場を利用して「惣無事令《そうぶじれい》」なるものを発した。

これは「惣無事（平和）」の実現のために私戦である大名間の戦争を禁止するといったもので、秀吉はこれを大義名分に各地に停戦を命じた。そして、その領国の確定については自身の決定に任せることを強制したのだ。

諸国の処遇を思い通りにできる権力を身につけた秀吉にもはや怖いものはない。翌年の

１５８６（天正14）年には太政大臣に任命され、それまでの羽柴姓から豊臣姓を与えられた。

これを境に、秀吉は堂々と諸国を支配し、１５８７（天正15）年に九州の島津義久を、１５９０（天正18）年には「小田原攻め」にて北条氏を滅ぼした。まさに天下を統一することになったのである。

さらには伊達《だて》政宗《まさむね》ら東北の諸大名を服属させ、徳川家康を関東に配した。こうして日本全土を掌握したことで秀吉の天下統一事業は完了したのだ。

秀吉が得た「関白」も「太政大臣」も、いわば征夷大将軍以上の地位である。天下統一はこれを巧みに利用した秀吉の作戦勝ちといえるだろう。

秀吉の「刀狩」には、どの程度の〝反発〟があった？

豊臣秀吉の天下統一事業において、１５８８（天正16）年に発令した「刀狩令《かたながりれい》」はその仕上げのひとつである。

北条氏討伐のあと、豊臣政権に対し服属を誓わぬ大名は誰ひとりとしていなくなった。

それでも一揆など大名以外の抵抗勢力が生まれないとも限らない。そこで秀吉は争いの種を徹底的に排除するため、諸国の農民に対して刀や鉄砲、弓、槍といった武器の使用を禁じ、没収したのである。

ところで、この刀狩のいきさつを語るうえで欠かせないのが、前年までに発していた「喧嘩停止令」だ。

このころの農民たちは自衛目的の武器の所有が一般的だった。だが、それが村同士の山の領有権や用水の使用をめぐる紛争、土一揆などの争いごとに発展する元でもあった。そのため秀吉は喧嘩停止令を発令し、実力行使による解決をいっさい禁止する。これが前提にあったからこそ、刀狩令の発令があったのだ。

しかし一揆が頻発していたこの時代、農民といえどもなかには血気盛んな者も多く、刀狩は一筋縄ではいかないことが予想された。

そこで秀吉は没収した武器を京都の方広寺の釘や鎹《かすがい》にするとし、協力する者は救われると説いた。彼らの信仰心をくすぐることによって農民の武装解除に成功したのである。

ちなみに刀狩令は秀吉が初めて行った政策ではなく、じつはもっと前に織田信長や柴田勝家が行っている。

さらに、江戸時代に入ってからも武力行使を禁ずる令や喧嘩停止令が発布された記録が残っている。いつの世も武器の一掃には苦心したようだ。

秀吉の「朝鮮出兵」をめぐる いまだ解けない謎とは？

人間誰しも権力を持てば欲が出るものだが、天下統一を果たした秀吉の目はすぐさま海外に向けられた。

１５９２（天正20）年には、渡航許可（朱印状《しゅいんじょう》）を受けた船による朱印船貿易を開始する。

その一方で、信長の代には黙認されていたキリスト教の布教を禁止した。理由はキリスト教の教義と封建社会が一致しないこと、ポルトガル人が日本人を奴隷として国外に売った過去があったことなどだった。

そんななか秀吉が命じたのが「朝鮮出兵」だった。同年、加藤清正《かとうきよまさ》や小西行長《こにしゆきなが》ら15万もの兵を朝鮮に派遣し、秀吉自らも九州に本陣をかまえ、戦闘体制に入ったのである。

なぜ、秀吉は突然朝鮮に侵略したのか。じつは、その背景にあったのは明《みん》の存在である。日本を征した秀吉の次なる野望は明の征服だった。

まずは足がかりとして日明貿易の再開を希望し、その仲介を朝鮮に頼んだ。ところが、これを朝鮮に拒否されたことが原因で秀吉は侵攻を決めたのである。

この「文禄の役」で日本軍は漢城《かんじょう》（ソウル）を陥落《かんらく》させたが、明の朝鮮援護などもありいったんは和議に応じる。

1597（慶長2）年には再度14万の兵を朝鮮へ送り込む「慶長《けいちょう》の役」が勃発するが、またも戦果を挙げぬまま軍は撤退した。乱の途中で秀吉がこの世を去ったからだ。

結局、この2度の戦いは無駄に終わり、朝鮮、明との関係を悪化させるだけでなく、豊臣政権をも窮地に追い込んだのである。

そもそも「太閤検地」にはどんなメリットがあった？

秀吉が行った政策で忘れてはならないものに「太閤検地《たいこうけんち》」がある。「太閤」はいわずもがな秀吉のこと。「検地」とは平たく言えば土地調査である。わざわざ太閤と頭につけるのは、秀吉によってそれが徹底的に厳しく行われたからだ。

秀吉は全国の大名に領国帳（御前帳）と国絵図の提出を命じた。検地には自己申告の指し出し検地もあるが、秀吉は検地奉行に命じて測量する方法をとったのだ。

各地で統一した基準が設けられ、田畑ごとに等級、面積、名請け人を確定し、生産力に応じて石盛《こくもり》（標準収穫量）を算出、その石高によって年貢を負担させるという仕組みである。

この裏には、支配者である武士と被支配者である農民という身分の区別をはっきりさせたいという秀吉の考えがあった。つまり、この兵農分離を推進することによって中央集権政治の実現を目指したのだ。

しかし、厳しい検地には農民の反発も少なくなかった。とくに地方はその土地の慣習なども多く残っており、それを禁ずる大名に対し農民らがしばしば一揆で抵抗した。

それでもこの検地により日本の土地所有の基本は確立することになった。

「関ヶ原の戦い」の水面下で繰り広げられていた攻防とは？

豊臣秀吉が没したのは１５９８（慶長３）年。その2年後には戦国時代の終わりを告げる「関ヶ原の戦い」が勃発した。

両軍15万の兵が入り乱れての大乱戦だが、この戦いの火種をシンプルにいえば秀吉亡き後の覇権争いということができる。

秀吉は後継者である6歳の秀頼《ひでより》を案じ、政権安定のために五大老・五奉行を定めた。しかし、秀吉が病死するとあっという間に内部分裂が起こる。

おもに五奉行が中心の文吏派と、遠隔地にいる領国内独立派の武将派による対立で、以前からくすぶっていた火種が秀吉の死によって一気に噴出する形になった。文吏派の代表は五奉行の石田三成、武将派の代表は加藤清正らである。

この対立につけいったのが五大老の筆頭にいた徳川家康だ。

三河出身の家康はもともと織田信長と同盟を結んでおり、豊臣政権下では250万石を誇る大名となっていた。北条氏亡き後は関東に移されたが、その名を知らぬ者はいないほどの有力者であった。

そして同じ五大老で中心的存在だった前田利家《まえだとしいえ》が死ぬと、家康の勝手な振る舞いが目立つようになる。その家康が武将派と手を組み政権獲得に乗り出したとあって、大名たちはあっという間に2派に分かれた。家康の影響力はそれほどまでに大きくなっていたのである。

関ヶ原の戦いは三成軍が圧倒的有利のはずだったが、しかし勝者は家康軍だった。決め手は、三成側の戦力だった小早川秀秋《こばやかわひであき》率いる1万5000の兵が家康側に寝返ったことにある。

みごと天下分け目の戦いの勝利者になった家康は征夷大将軍となり、いよいよ江戸幕府を開くことになる。

特集1

戦国名勝負列伝

毛利元就 対 陶晴賢

西国の勢力図を塗り替えた厳島の戦いの真相

▼下剋上でのし上がった陶氏

厳島《いつくしま》といえば「安芸の宮島《あきのみやじま》」と呼ばれ、世界遺産にも登録された風光明媚《ふうこうめいび》な島だが、さかのぼること1555（弘治元）年、この地では西国の勢力図を塗り替える大激戦が行われている。それが「厳島の戦い」だ。

この戦いにおいて、いまなお語り継がれるほどの〝奇襲〟を成功させたのが智将と名高い毛利元就《もうりもとなり》である。相対したのは陶晴賢《すえはるかた》だ。

この時代の中国地方は、山陰を治める出雲・石見《いわみ》の尼子《あまご》氏と、山陽を治める周防《すおう》・長門《ながと》の大内《おおうち》氏の二大勢力がしのぎを削っていた。

晴賢が18歳で家督を継いだ陶氏は、大内氏の守護代を務めた家系であった。しかし、あるとき晴賢の進言で実行された尼子氏攻めに失敗してしまう。当時の家督であった大内義隆は武断派を退け、文治体制へと傾斜していく。

1551（天文20）年、武断派の筆頭でもあった晴賢はクーデターを決意すると、仲間の重臣や周辺大名を味方につけてついには大内義隆を自害させる。この「陶氏の乱」による下剋上で、中国地方の覇権争いが一気にヒートアップしたのだ。

一方の毛利氏はもともと安芸の国人領主に過ぎなかった。それまでは大内氏、尼子氏に従属する立場でしかなかったが、兄の早世によって26歳で家督を継いだ元就の代で頭角を現している。

その元就は最初こそ尼子氏に与したが、のちに大内氏から援助を受けることに成功した。晴賢が武力による下剋上でのし上がったのに対し、元就は抜群の政治感覚でもって勢力を拡大していったのである。

大内氏を倒して勢いづく陶氏だったが、石見では早くも吉見正頼《よしみまさより》が謀反を起こした。そして、この反乱で晴賢と正頼はそれぞれ元就に援軍を依頼する。

このとき毛利家では、どちらにつくべきか意見が分かれたと伝えられている。そして、その結果、元就は反晴賢を決意したのだ。

元就の真意を想像するまでもなく、この決定の根拠は「主君・大内義隆の仇討ち」だろう。つまり元就はこの大義名分を手に入れ、晴賢を追い落とし、中国地方を手中に収めるべく立ち上がったのだ。

▼元就の奇襲が呼び込んだ勝利

いよいよ両者は厳島の戦いで激突するのだが、この戦いを制したのは、なんといっても兵力の数的不利を巧妙な作戦でカバーした元就だった。

というのも、大内氏を倒して勢いづいていた陶氏には2万もの兵力があったのに対し、どんなに兵をかき集めても4000にしか届かない毛利氏は圧倒的に劣勢であった。

そこで元就は、戦いの舞台を厳島に定め

て宮尾城を築くと、まずは情報戦とばかりにいくつものワナを仕掛けたのだ。

「築城は失敗だった。いま攻め込まれたらひとたまりもない」と元就が嘆いていると流言させたり、あるいは「晴賢が信頼している部下の江良房栄《えらふさひで》が元就側に寝返った」と偽文書を送りつけたりした。

晴賢は非常に気短な性格だったとされ、このときも事実確認をせぬまま房栄をあっさり斬り殺している。こうした晴賢の性格を元就はお見通しだったのかもしれない。

そして、挙句には自らの重臣を晴賢軍へ の内通者に仕立て上げた。そして、不得手な海戦に二の足を踏んでいた晴賢軍をおびきよせることに成功すると、元就は対岸から夜襲を仕掛けて挟み撃ちにした。孤島での不意打ちに晴賢軍は混乱し、あっという間に元就軍の勝利が決まったのである。

この裏には村上武吉など四国の海賊勢の援護もあったと伝えられる。狭い厳島に晴賢軍を誘い込み一網打尽にする戦略といい、元就の作戦勝ちといえるだろう。

晴賢は島を脱出して逃亡をはかるが、途中で捕まり自ら命を絶っている。一方、勝利を収めた元就は安芸《あき》・備後《びんご》を統一し、さらに大内氏最後の当主・義長を自害に追い込み中国地方の覇権を手にするのである。

大内義隆、陶晴賢、そして毛利元就へと実権が移った一連の戦いは、下剋上の乱世の象徴だった。

実力で世に躍り出た晴賢だったが、さらにもう一枚上手の元就の前には太刀打ちできず、遠からず消えていく運命にあったというわけだ。

今川義元 対 武田信玄 対 北条氏康

「甲相駿三国同盟」の裏側とそれぞれの「思惑」

▼政略結婚によって形づくられた三国同盟

「風林火山」の旗印の下に戦国最強といわれた騎馬隊を率いた武田信玄《たけだしんげん》は、天下統一を目指して日夜戦いに明け暮れていた。そんな信玄のもうひとつの戦略ともいえるのが「政略結婚」だった。

信玄の娘たちは、まるで人質にとられたように相次いで隣国へと嫁がされていったのである。

もっともこの当時、自らの野望のために隣国などに身内を嫁がせたり、人質として差し出したりする武将はなにも信玄ばかりではなかった。

ときを同じくして、信玄とともに政略結婚を画策して同盟を結び、まさに呉越同舟《ごえつどうしゅう》で戦国の乱世を乗り切ろうとしたふたりの武将がいたのである。

のちに「甲相駿三国同盟《こうそうしゅんさんごくどうめい》」と呼ばれるこの同盟を結んだのは、甲斐の武田信玄と相模の北条氏康《ほうじょううじやす》、そして駿河の今川義元《いまがわよしもと》という、いずれも戦国の世におけるビッグネームばかりである。

隣国からいつ攻め込まれてもおかしくない群雄割拠の世において、彼らはどんな思惑をもって同盟を結んだのだろうか。

そもそも、この三国同盟のはじまりとなっているのは今川義元に嫁いでいた信玄の姉の存在だった。信玄の父である武田信虎《のぶとら》は、甲斐の国を統一するとともに娘を今川の元に送って婚姻同盟を結んでいたのである。

ところが、武田家の当主となった信玄が父の成し得なかった信濃への侵攻を開始せんという時期に、その姉は病没してしまった。

すると、信玄も義元もここでお互いの同盟関係を崩すわけにはいかないという意図から、今度は義元の娘を信玄の長男である武田義信に嫁がせる。

こうして武田家と今川家の盟約は保たれて、3つの国を結ぶ1本目のラインが引かれたのである。

その一方で、信玄は北関東の北条氏との和睦も視野に入れていた。信濃平定をもくろむ信玄の前に立ちはだかったのは越後の上杉謙信だったが、上杉氏と敵対していた北条氏を後ろ盾につけることを狙ったのである。

そこで今度は、信玄の娘を北条氏の嫡男である氏政に嫁がせることを約束し、2本目のラインをつくったのだ。

▼雪斎が立てた戦略

ところが、北条氏の三代目当主である北条氏康は隙を見て今川氏が治める駿河に侵攻してきたのである。

すると武田氏はすでに同盟国となっていた今川氏に援軍を差し向けて、武田・今川の連合軍と北条軍がまさに一触即発の状態になったのである。

このとき、一人の救世主が登場する。今

川義元のブレーンであった雪斎《せっさい》という僧が3人の武将の間に入り、大国同士が戦ったところでお互いに得なことはないと3つの国による同盟を説いたのである。

交渉の結果、三者とも争うことよりも手を結ぶことを選び、やがて、北条氏康の娘が今川義元の嫡男である氏真《うじざね》に嫁ぐと、婚約していた武田氏と北条氏の婚姻も執り行われて、これをもって三国間の同盟が成立したのだ。

こうして同盟が成立したことで互いに自国の背後を守り合う形になり、武田軍は信濃平定に、北条は関東平定に、そして今川はその目標を織田信長に絞ってそれぞれの政策を推し進めたのである。

ちなみに、この三国同盟の話し合いが行われたといわれているのが静岡県富士市にある善徳寺という寺で、寺の跡は公園の一部として今も残されている。

▼崩壊したパワーバランス

ところが、この同盟もあくまで三者が同等の勢力を持っていたからこそ成り立つものだった。この三者のパワーバランスは、わずか15年ほどであっけなく崩れていくのだ。

そのきっかけとなったのが、駿河の今川義元が圧倒的に有利だったはずの「桶狭間の戦い」で織田信長に敗れたことである。すると、川中島で上杉に手を焼いていた信玄は、信濃平定から一転して駿河攻略を視野に入れるようになる。

一方、信玄の息子の義信としては、今川

を攻めることは自らの嫁の実家に戦争を仕掛けることにほかならない。こうして武田の家中では親子の確執が生じていき、やがて義信には謀反の疑いがかけられ、幽閉を命じられた末に自害してしまう。

こうなると今川氏も黙っておくわけにはいかない。

嫁がせていた娘を送り返すよう武田家に要請して、武田と今川の同盟は有名無実なものへとなっていったのだった。

当初は互いの身を守ってくれていた三国間の同盟も、時が経つうちに信玄にとってはただの重たい鎧になっていたのかもしれない。

ここぞとばかりに武田軍は今川領内に攻め入り、今川に援軍を送った北条家とも戦火を交え、三国間の同盟は音を立てて崩壊した。

やがて幾多の戦乱が繰り返されて、混沌とした時代のなかから織田信長や徳川家康といった新たな実力者たちが乱世の舞台で主役の座を担っていくことになるのだ。

武田信玄 対 上杉謙信
戦国の両雄が激突した「川中島の合戦」の舞台裏

▼両雄が川中島で刃を交えるまで

長野県長野市の南部にある川中島古戦場史跡公園。美しい芝生に覆われたこの公園の一角には、かの有名な武田信玄と上杉謙信の一騎討ちの様子を再現した迫力ある銅像を見ることができる。

じつはこの場所こそ、戦国時代の名勝負のひとつといわれる「川中島の合戦」の古戦場なのである。

馬上から刀を振りかざして襲いかかる謙信と、謙信の刀を軍配で受けとめようとする信玄。銅像のように両雄が実際に斬り合ったのかは定かではないが、この像からもにじみ出るふたりのすさまじいまでのライバル心がこの川中島でぶつかりあったことは、紛れもない事実なのだ。

そんなふたりの意地がそうさせたのか、川中島の合戦はおよそ12年にわたる長期戦となり、その間に両軍は5度も刃を交えたといわれている。

ところでなぜ、信玄率いる武田軍と謙信の上杉軍はこの地で戦うことになったのだろうか。

現在の山梨県である甲斐を統一していた武田家の当主となった信玄は、駿河の今川氏、さらに相模の北条氏という実力者との間で三国同盟を結ぶと、それを後ろ盾としてさらなる勢力拡大を図る。信玄がターゲットにしたのは、甲斐と境を接する信濃だった。

戦国最強の名を欲しいままにした武田軍は、その圧倒的な武力で信濃エリアの城を次々と落として北上していく。

やがて武田軍は信濃の北部にまで到達したのだが、武田軍によって自らの領地を奪われた村上義清ら北信濃の武将たちは、長年の交流があった〝越後の虎〟こと上杉謙信に助けを求める。

義の心を重んじる謙信はこれに応えて、いわば傍若無人な侵略者である信玄をよしとせずに北信濃の川中島に軍を進めたのである。

こうして信玄と謙信は相まみえることになったのだ。

▼父を追放した信玄と、兄を退かせた謙信

ところで、長年にわたる戦いを通じて互いを生涯のライバルと認めた信玄と謙信には、意外にもいくつかの共通点があったことはじつに興味深い。

まず、ふたりとも肉親を追いやって家督を継いでいる人物なのである。信玄は甲斐に圧政を敷いた父の信虎を追放しているし、また謙信は兄である長尾晴景よりも家臣からの人望が厚かったために結果として兄を退かせている。

こうして、時に自分の身内に対しても冷酷になれたからこそ、戦国乱世にその名を轟かすことができたといっていいだろう。

さらにふたりとも神仏への信仰が深かっ

た点も共通している。自軍の旗印に「毘」の字を染め抜き、自らを戦の神である毘沙門天の生まれ変わりであると話したという謙信の話は有名だが、一方の信玄も神仏への信仰が厚かったのである。

現在も山梨県韮崎市に残る武田八幡神社の本殿は信玄が建てたものだといわれている。また、信玄の菩提寺である恵林寺《えりんじ》（山梨県甲州市）には、「武田不動尊」と呼ばれる不動明王像が安置されているが、じつはこの不動像には、信玄が自らの姿に擬して彫刻させたという言い伝えが残されているのだ。

そんな信玄と謙信が偶然にも同じ時代に生き、互いの射程距離に収まるほど近隣に自領を構えていたのだから、歴史の巡り合わせとはじつに不思議なものである。

結局、12年戦っても川中島の合戦は明確な勝敗がつかないままに終焉を迎えたというのが通説だが、その勝敗はどうあれ、信玄と謙信という類まれなふたりの名将の名を後世に伝えた戦いだったことはたしかである。

豊臣秀吉 対 明智光秀

信長のもとで功を競ったふたりに訪れた対決の「時」

▼カリスマの元で行われた出世合戦

京都市伏見区小栗栖《おぐるす》にある本経寺。この寺の近くには、「明智藪」と刻まれた石碑が建っている。

かつてこの辺りは見渡す限りの竹藪で、昼間でも不気味な薄暗さが漂っていたといわれているが、この場所こそ「三日天下」といわれた明智光秀が無念の最期を迎えた地と伝えられているのだ。

「本能寺の変」で織田信長を討ち果たした光秀は、信長の仇討ちのためにすぐさま兵を差し向けてきた羽柴秀吉（のちの豊臣秀吉）に敗れて、この明智藪で敗走中に命を落としている。共に信長の忠臣でありながら、主君の仇討ち合戦となる「山崎の戦い」で相まみえることになった光秀と秀吉は、どんな思いでこの戦いを迎えたのだろうか。

今の岐阜県可児市にあった明智城に生まれた光秀は、鉄砲の腕を買われて越前の朝《あさ》倉義景《くらよしかげ》の家臣となる。やがて「永禄の変」により朝倉氏を頼ってきた足利義昭《あしかがよしあき》に知られるようになり、その縁で義昭の上洛に尽力した信長に仕えるようになったのだ。

信長ら数々の武将をはじめ、当時の権力者である義昭にまで気に入られていたことから考えると、光秀はただ粗暴なだけの武人ではなかったにちがいない。実際に勤勉家で、和歌や茶の湯に通じた文化人だったといわれている。

そればかりか、光秀は坂本城や福知山城などに見られるように、雄大かつ実戦的な築城技術にも長けていて、多くの領民からも慕われていた。政治家としての手腕もあったマルチな才能を持ち合わせた光秀に、信長も絶大な信頼を寄せていたのだ。

一方で、一介の農民の出だった秀吉が、同じ主君に仕える身としてそんな光秀をライバル視していたのは推して知るべしだ。

しかし、秀吉には「人たらし」といわれた性格と行動力があった。信長に目をかけられて出世を重ねていく秀吉を横目で見ながら光秀は何を感じていたことだろう。

こうして、信長というカリスマの下でふたりは功を競い合ったのである。

▼竹藪で最期をむかえた光秀、天下獲りに突き進む秀吉

「天下布武」を掲げて巨大な安土城を築き、天下統一に突き進んだ信長は、中国地方の一大勢力だった毛利氏の討伐を計画する。このとき、信長からこの中国攻めの総大将を命じられたのは、光秀ではなく秀吉だったのである。

光秀がなぜ信長に反旗を翻したのか、その理由ははっきりせず、日本史における最大のミステリーのひとつともいわれている。家臣にはとくに厳しかったといわれる信長に、繊細な光秀がストレスを抱えていたともいわれているが、光秀の本意はいまだに明らかになってはいない。

光秀が本能寺の変によって信長に反旗を

翻したのは、この中国攻めが開始されたのと同じ1582（天正10）年であったことを考えると、この出世レースで負けた一件もその後の光秀の行動に影響しなかったとは言い切れないのだ。

毛利方の高松城を落とした秀吉の「高松城の水攻め」も、味方の戦果であるにもかかわらず光秀は素直に喜べなかったことだろう。

やがて信長を討った光秀は、主君の悲報を聞き備中高松から矢のように引き返してきた秀吉軍と、ちょうど京都と大阪の境に位置する山崎で激突する。俗に「中国大返し」といわれるこの秀吉軍の移動により、光秀は満足な準備が整わないまま戦を始めざるを得なかったのだ。

さらに光秀にとって誤算だったのは、細《ほそ》川忠興《かわただおき》や筒井《つつい》順慶《じゅんけい》など味方についてくれるはずの武将の援軍を得られなかったことだ。理由はどうあれ主君を裏切った光秀と、それとは正反対に仇を討とうとする秀吉の評価には天と地ほどの差があったのである。

こうして光秀軍は孤立してしまい、秀吉軍との兵力の差は決定的なものになった。一説には秀吉軍が4万、光秀軍は1万6000といわれている。

明智軍は秀吉軍に完敗、光秀はわずかな兵を連れて本拠地の近江坂本城に逃げのびようとしたが、その途中の京都の竹藪で農民の襲撃を受けて命を落としている。

ともすれば武将としての実力では秀吉を上回っていたかもしれない光秀だが、最後は巧みに時流をとらえた秀吉の前に敗れ去ったのである。

豊臣秀吉 対 柴田勝家

新参者・秀吉は〝信長第一の将〟にどう戦いを挑んだか

▼正反対のタイプだった秀吉と勝家

柴田勝家は1522（大永2）年頃の生まれといわれていて、若いころから尾張の織田家の重臣として働いてきた人物だ。信長の父である織田信秀にも仕えていたというから、織田家の家臣の中ではベテラン中のベテランといっていいだろう。

勝家は信秀亡き後、一度は信長の弟である織田信行を織田家の後継者にしようと試みるが信長との戦に敗れて降伏し、その後は信長に仕えるようになっている。勇猛果敢な武人だったといわれている。

一方で秀吉は、信長の小者、つまり身の回りの世話をする雑用係としてそのキャリアをスタートさせる。

秀吉が生まれたのは1537（天文6）年だといわれているから、勝家とはひと回り以上も年齢が離れている計算になる。つまり、秀吉と勝家は何から何まで正反対のタイプだったといえるのだ。もとから反りが合わなかったとしてもおかしくない。

ましてや、秀吉は持ち前の機転のよさで信長に可愛がられてトントン拍子に出世していくのだから、長年織田家に仕えてきた勝家としては面白くなかったことだろう。

やがて秀吉は、信長の家臣の中でもとくに有力だった丹羽長秀と柴田勝家から一字ずつをもらい、「木下」の姓を「羽柴」に改めている。こうしたご機嫌取りにも映る秀吉の行動はさすがのひと言である。

一方、秀吉のほうでもそんな勝家の〝秀吉嫌い〟を感じとっていたようで、こんな事件を起こしている。

北陸で越後の上杉謙信とにらみ合う勝家の援護を信長に命じられた秀吉は、いったんは勝家のもとに駆けつける。

ところが、戦術をめぐって勝家と言い争いになってしまい、それならば、と秀吉は誰の許可もとらずに兵を引き揚げてしまったのだ。こうしてふたりの溝はますます広がっていったのである。

ちなみに、このとき秀吉の身勝手な行動に激怒した信長の怒りを収めるために、秀吉は奈良の信貴山城《しぎさんじょう》を攻めて、「平蜘蛛《ひらぐも》の茶釜《ちゃがま》」の逸話でおなじみの松永久秀《まつながひさひで》を滅ぼす手柄をあげている。

▼決戦、賤ヶ岳の戦い

こうして信長の家臣という立場ながらも対立を深めていった秀吉と勝家は、信長の死後、いよいよ刃を交えることになる。

1582（天正10）年に本能寺で信長が明智光秀に討たれると、秀吉はすぐさま光秀の跡を追い、「山崎の戦い」で仇をとっている。勝家がこの戦いに間に合わず、秀吉の手柄となったのも何かの因縁だろうか。

それから間もなくして、秀吉や勝家といった織田家の重臣たちは信長の後継ぎを決めるために尾張の清州城に集結する。

のちに「清州《きよす》会議」と呼ばれるこの会議で、信長の長男である織田信忠《のぶただ》の嫡男・三《さん》法師《ぼうし》を推す秀吉と、信長の三男である織田信孝《のぶたか》を推す勝家は真っ向から対立してしまう。

とはいえ、光秀を討ち取っている秀吉の発言力は大きく、当時、まだ物心すらついていない三法師が正式な後継ぎとなり、その後見人となった秀吉の時代が始まるのだ。

ちなみに、このときまだ幼かった三法師が、キリシタン大名として知られているのちの織田秀信だ。秀信は関ヶ原の戦いに西軍として参加するが敗れ去っている。

織田家を守ることを第一に考えた勝家は信長の妹であるお市の方を妻にするが、秀吉の天下獲りの勢いは収まらず、清州での会議が開かれた翌年、ついに勝家は秀吉との全面対決を決意する。

近江の国、現在の滋賀県で繰り広げられたこの「賤ヶ岳《しずがたけ》の戦い」は、勝利したものが信長の跡を継いで天下をめざすという大一番になったのである。

戦いは1カ月以上も続いたが、勝家側の前田利家の裏切りをきっかけに勝家軍は総崩れとなる。

やがて追い詰められた勝家は居城である福井の北ノ庄《きたのしょう》城まで引き揚げると、城に火をかけてお市の方と共に自害した。新参者だった秀吉が、最後まで信長の威信を守ろうとした勝家に勝利したのだ。

こうしてひとつの時代は終わりを告げ、ついに秀吉が天下人に上り詰めるときが来たのである。

徳川家康 対 豊臣秀吉

新旧の天下人をつなぐ不可思議な〝接点〟とは？

▼秀吉と家康、最初で最後の戦い

亡き主君である織田信長の野望を受け継いで天下統一を成し遂げた秀吉と、秀吉亡き後に天下統一を果たしてさらに強大な権力を手中に収めた家康。じつはこのふたりの天下人は、たった一度だけ直接対決をしている。

信長の忠臣だった柴田勝家を「賤ケ岳の戦い」で破った秀吉は、天下統一まであと一歩というところまでたどり着く。ここで秀吉の前に立ちはだかったのが、信長の次男の信雄《のぶかつ》と手を結んだ三河の徳川家康だった。

じつは信雄は、その前年に起きた賤ケ岳の戦いでは秀吉の側について戦って戦績を残している。

戦いに勝利した秀吉は、その年のうちに絢爛豪華な大坂城を築かせると、秀吉に味方した諸大名を大坂城に呼びよせて、自らの権力を誇示しようとした。

ところが、これをおもしろく思わない信雄は誘いを断り、秀吉に対して疑念を募らせるようになる。

ついに信雄は家康に援軍を求めてこれに応えた家康が出陣したため、１５８４（天正12）年に「小牧《こまき》・長久手《ながくて》の戦い」が勃発することになるのだ。

家康としても、かつての同盟相手である

信長の家臣だった男をやすやすと天下人として認めるわけにはいかなかったのだろう。

1万5000ともいわれる兵を率いて浜松を出た家康軍は信雄の軍勢と合流すると、愛知県北西部の小牧で秀吉軍と相まみえることになった。

兵数でいうなら倍ほどの差があったが、地の利があり、また野戦に長けていた家康軍は秀吉軍を苦しめることになる。

家康は常に秀吉の動きを読み、先回りすると秀吉軍をことごとく撃退している。その年の3月から始まったこの戦いは、じつのところ家康軍の圧勝といっていい結果だったのである。

自らの力を見せつけることで諸大名たちを取りまとめようとした秀吉と、周囲の人望を集めていた家康の人柄の差が、兵の団結力にも表れていたのだ。

また、信長の得意な戦法をまねて秀吉軍が企てた「中入れ」と呼ばれる陽動作戦をはじめとする数々の戦術は完全に見破られてしまい、一枚も二枚も上手だった家康に対して、秀吉はついに積極的な交戦を見送るようになる。

やがて秋になると、信雄と講和条約を結んでしまうのだった。

これにより、家康も秀吉を討って信雄を助ける、という大義名分を失ったため、この戦いは勝敗がつかないままに終焉を迎えている。

▼秀吉に屈服しなかった家康

ところが、戦いが終わってからも家康は

秀吉に簡単には屈しようとしなかった。そこで、秀吉は自らの妹である朝日姫を離縁させてまで家康に嫁がせて、これでもまだ態度を変えない家康に、今度は自分の母親を人質として家康に差し出しているのである。

ここまでしてようやく家康は秀吉に応えて大坂城に入り、公式に秀吉に謁見すると臣従した。

その後は、「小田原攻め」と呼ばれる北条氏の征伐にも参加するなどして秀吉の天下統一に力を貸すことになるのだ。

とはいえ、秀吉の手をここまで煩わせた家康は秀吉にその力をどれほど恐れられていたことだろうか。

家康を認めて高い役職を与えたのも、常に自分の傍らに置いて目を光らせておきたかった秀吉の意図があるのだろう。

こうして秀吉から常に一目置かれる存在だった家康が、秀吉の死後は新時代の担い手となり、日本史上最長の政権となった徳川幕府を樹立していくのは必然だったのである。

豊臣秀吉 対 伊達政宗
秀吉を相手に丁々発止とやりあった独眼竜の〝才覚〟

▼若くして東北地方の覇者になった「独眼竜」

宮城県仙台市の西に位置する青葉城公園は、かつて「独眼竜《どくがんりゅう》」と呼ばれた伊達政宗《だてまさむね》が築いた仙台城の跡地である。

城の本丸だった場所には有名な「伊達政宗騎馬像」が建てられていて、今日も仙台の街並みを見つめているのだが、この有名な銅像を目にした観光客は皆こんな疑問を抱くという。

それは、「独眼竜のはずなのに、なぜ銅像の政宗はしっかりと両目を見開いているだろうか」というものだ。たしかに、銅像の政宗の右目にはドラマや映画で見るような眼帯はかけられていないのである。

じつは、これは政宗の遺言に基づいているものだといわれている。政宗は自分の死後に描かれる肖像画や像には両目を入れることを望んだのだ。

政宗はひとクセもふたクセもある人物だったようで、「あと5年ほど早く生まれていれば天下を獲っていた」とも評されるほどの男である。

切れ者で野心家というイメージが強い政宗の人生をひも解いてみると、豊臣秀吉、そして徳川の世になって3代将軍の家光の時代まで、何人もの天下人に仕えている。

なかでも、秀吉とは幾度となく狐と狸のばかし合いのような丁々発止《ちょうちょうはっし》のやりとりを繰り広げているのだ。

　政宗は幼い頃から文武に長《た》けていてその将来を期待されていたが、5歳のときに疱瘡にかかって右眼を失明してしまうと、その外見から実母に避けられるようになってしまう。

　やがて18歳で父の輝宗から家督を譲り受けるものの、今度は拉致された父を敵もろとも射殺せざるを得なかったという悲劇に見舞われているのだ。

　ところが、そんな逆境こそが政宗に力強い生命力を吹き込んだのかもしれない。政宗は戦いを続けてわずか5年で、陸奥《むつ》や出《で》羽《わ》といった東北地方の南部を支配する東北一の大名にまでのし上がったのである。

　ここで登場するのが秀吉だ。政宗が東北地方で着々と力をつけていったころ、すでに秀吉は天下統一の詰めの段階まで差しかかり、残すターゲットは小田原の北条氏だけという状況だった。

　服従を拒否する北条氏に対して、秀吉は全国の大名衆に小田原攻めへの参戦を要請する。もちろん、東北の一大勢力だった政宗にもこの知らせは届いたわけだが、伊達の家中では秀吉側か北条側かどちらにつくかで激論が長引き、秀吉の傘下に入るまでには時間がかかってしまったのだ。

　秀吉はなかなか動こうとしなかった政宗を呼びつけて厳しく処罰するつもりだったが、ここで政宗は大芝居に打って出る。北条攻めの参陣を決めた政宗は、すぐさま切腹を申しつけられてもいいように白装束で秀吉の元に参上したのである。

　この堂々たる姿を見た秀吉は政宗に対し

ての処罰の手をゆるめ、一部の領土を取り上げただけで収めているのだ。このとき政宗はわずか23歳だったという。

▼秀吉から認められたその後

こうして秀吉から評価された政宗だったが、そのまま黙って秀吉の傘下に収まっているわけではなかった。北条攻めの後に陸奥では一揆が発生するが、この一揆を収めるように秀吉から命じられた政宗自身がじつは一揆の首謀者ではないか、という疑いがかけられたのである。

このときにも、政宗と秀吉のやりとりをめぐるエピソードが残されている。

自身の家臣の裏切りによって一揆を命じたという書面を秀吉に握られてしまった政宗は、京に上り秀吉に謁見《えっけん》するとこんな弁明をしたのだ。

秀吉の手もとにある書面は、自分を陥れ《おとしい》ようとする偽りの文書である。その証拠に自分が書面に残す花押《かおう》、つまりサインには針で穴をあけてあるが、この書状の花押にはその穴がない。そこで、これは自分の筆跡を真似たニセの手紙だと言い放ったといわれる。

こうして、またしても政宗は秀吉の罰を免れることに成功したのである。

秀吉は事の真相をうすうす感づいていたが、そこをあえて知らない素振りで政宗を懐柔したともいわれている。

やがて秀吉がこの世を去り、徳川の世に移り変わると、政宗は家康、秀忠、家光と３代にわたり徳川家に仕えることになる。

北政所 対 淀殿
豊臣家の幕引きに立ち会うまでの波乱の人間模様

▼秀吉の正室「おね」と側室「茶々」

武田信玄が53歳、織田信長は49歳。豊臣秀吉が62歳で、徳川家康でようやく75歳。これは戦国の世にその名をとどろかせた武将たちがこの世を去った年齢だ。

現代の平均寿命と比べればはるかに短い一生であったことがわかる。

戦いや病で無事に明日を迎えられるかどうかもわからなかった時代のことだ。一族の血を途絶えさせないために、将軍や大名は正室のほかに何人もの側室を持った。

そんな女性たちの存在は時代を左右することも少なくなかったが、なかでもとくに有名なのが豊臣秀吉の正室であった北政《きたのまん》所《どころ》と、側室の淀殿《よどどの》の名前ではないだろうか。むしろ、「おね」と「茶々」という名前のほうがおなじみかもしれない。

ふたりは正室と側室と立場こそ異なったものの、奇しくも天下を治めた豊臣家の幕引きに立ち会うことになったのだ。

秀吉のひとり目の妻、つまり正室だったのがおねだ。のちの北政所である。武士とはいえ、ほんの足軽に過ぎなかった時分の秀吉との結婚は、おねの両親からは猛反対されたといわれている。そんななかでの結婚だっただけにふたりの仲は睦まじいものだった。

やがて秀吉は、多くの戦いにおける働き

を信長に認められて出世を重ねていく。そうして、近江（今の滋賀）を治めていた浅《あざ》井長政《いながまさ》との戦いでは、その活躍によって近江の地と小谷城《おだにじょう》を与えられている。これで農民の子だった秀吉もいよいよ城持ちの大名となったのである。

ところが、信長のもとで各地を飛び回っていた秀吉に代わって城の留守を預かるのはもっぱらおねの役目だった。当然、彼女も妻として夫を支えて外交の手助けをすることになるのである。

なかでも加賀の前田利家の妻であるまつとは親交を深めていたといわれている。のちに秀吉が柴田勝家と争った「賤ヶ岳の戦い」において、柴田軍として参戦した利家が突如戦線を離脱したのも、おねがまつに働きかけたためとも考えられるのだ。

やがて、秀吉が朝廷から関白の役職を得ると、おねは関白の正室をさす「北政所」と呼ばれるようになる。家康との小牧・長久手の戦いを経て、ついに武士の頂点を極めた秀吉の正妻として君臨することになるのだ。

▼茶々と秀吉の出会い

ところで、秀吉が大名となった浅井攻めがきっかけで、秀吉は茶々と出会うことになったといってもいいだろう。長政とその長男は追い詰められて自害しているが、妻であるお市の方は信長の妹だったため、長女の茶々を含む三人の娘とともに信長に引き取られている。

やがて、お市の方は柴田勝家と再婚した

が今度は勝家と秀吉が対立することになり、そのときに娘たちだけは秀吉の元に送り出されているのだ。

一方でお市の方は勝家とともに越前の北《きた》ノ庄《のしょう》城内まで逃げ落ちて、不遇の最期を遂げている。

こうしてまだ10代だった茶々は、30歳以上も歳の離れた秀吉と出会うのだ。

秀吉は絶世の美女と呼ばれたお市の方にかねてから恋心を抱いていたといわれているから、その面影《おもかげ》を幼い茶々に見たのかもしれない。いつしか茶々は秀吉の側室に迎えられて、ついにはその子を身籠《みごも》ったのである。

亡き父と母の仇《かたき》でもある男の側室となった茶々はどんな思いだったことだろう。

▼北政所の関ヶ原

その後、秀吉の側室となり子を身籠った茶々のために秀吉は淀城を与える。こうして茶々は「淀殿」と呼ばれるようになり、秀吉の念願だった後継者である男児の秀頼を出産するのだ。

この秀頼の存在がふたりの立場を大きく変えることになる。

ついに実子を持たなかった正妻である北政所に代わり、側室である淀殿が世継ぎの実母として周囲からもてはやされるようになったのである。

やがて秀吉は朝鮮出兵の途中で病に倒れると、この世を去る。そうなると、後継ぎの秀頼の実母である淀殿の優位はより明白なものになったのだ。

北政所は一線から身を退いて京都に移り住み、尼僧《にそう》となって高台寺《こうだいじ》を建立すると、高台院と名乗って秀吉の供養をしながら余生を過ごしている。

その一方で、淀殿は秀頼とともに大坂城に入り、秀頼の後見人として豊臣家の中枢を担うようになる。

やがて時代は、家康を中心とした新勢力と、引き続き豊臣家の優位を保とうとする一派の争いからついに「関ヶ原の戦い」を迎える。

その天下の大一番で、北政所に幼いころから世話になっていた加藤清正や福島正則といった武将たちが家康側の東軍につき、また北政所の甥である小早川秀秋も東軍に寝返ったことから、関ヶ原の戦いは北政所と淀殿の女の戦いとも称されることがある。

ふたりが対立関係にあったかどうかは諸説あるが、その後、「大坂冬の陣」、そして「大坂夏の陣」と最後まで大坂城に立てこもって秀頼とともに自害した淀殿と、一度は天下人の妻となりながらも尼としての人生を選んだ北政所。秀吉に愛されたふたりの女性は、時代に翻弄されながらもその生きる道を自ら選びとったことだけは事実といえよう。

加藤清正 対 小西行長

秀吉の忠臣だったふたりが袂を分かつことになった理由

▼何から何まで正反対の清正と行長

「小田原攻め」によって最後の抵抗勢力だった北条氏を滅ぼした秀吉は、主君である信長がその夢を断たれた天下統一の偉業をついに成し遂げる。

ところが、秀吉はこれに収まらず、北条氏を討ち取ったわずか2年後に今度は海外へと打って出る。ターゲットとなったのは明王朝が支配していた中国大陸だったが、その足掛かりとして秀吉はまず朝鮮半島への派兵を始めたのだ。

この朝鮮出兵において互いにライバル心をむき出しにして争ったのが、秀吉の忠臣である小西行長と加藤清正のふたりだ。行長と清正は同じ主君に仕えながらまさに水と油で、何から何まで正反対だったといわれている。

商人の子として育った小西行長は、その巧《たく》みな交渉術を買われて秀吉の家臣になったという珍しい武将だ。実家は堺《さかい》で薬を扱う豪商で、金銭的にも恵まれた環境で育ったといわれている。

また、熱心なキリシタンだった父親の影響もあって行長自身も洗礼を受けており、キリシタン大名としても有名だ。

一方で加藤清正はといえば、行長とは正反対のまさに〝叩き上げ〟の武将だった。秀吉のように農民出身の清正は遠縁の秀吉に取り立てられると、まさに腕一本でのし上がってきたのである。

　秀吉が柴田勝家を破った「賤ヶ岳の戦い」では、のちに〝賤ヶ岳の七本槍〟のひとりに数えられるほどの活躍を見せ、その後も数々の戦いでその名を挙げてその地位を力づくで勝ち取ったのだ。

　熱心な日蓮宗の信者だったというところまで、おもしろいように行長とは相反している。秀吉はそんなふたりを競わせるかのごとく動かしているのだ。

　まずは、秀吉が彼らに与えた領地である。肥後、現在の熊本県で佐々成政《さっさなりまさ》が統治に失敗すると、秀吉は成政に切腹を命じて肥後の北半分を清正に、南半分を行長に預けている。間近ににらみ合う相手がいるとあって、ふたりの間にはさぞ張り詰めた空気が流れていたことだろう。

　やがて1592（文禄元）年には秀吉は朝鮮への出兵を決断する。この「文禄の役」、その後の「慶長の役」と呼ばれる朝鮮半島での戦いにおいて秀吉軍の先鋒を任されたのがなんと清正と行長だったのである。

　しかも、1番手を行長、清正は2番手としたところに秀吉の思惑が感じられる。またそれに応えるように、ふたりは先を争って朝鮮半島を北上することになるのだ。

▼関ヶ原へと続くふたりの争い

　このとき、ふたりの腹づもりは大きく異なっていた。じつは、行長はこの出兵自体を阻止できないものかと考えていたのである。そもそもが穏健派で、またこの争いが貿易に影響を及ぼすことも商人出身の行長は懸念したのだろう。軍を進めながらもなんとか早い時期に講和をさせようと考えていたのだ。

ところが、清正はといえば武力によって朝鮮を征服しようと意気揚々と進軍する。その鼻息の荒さは、朝鮮で自ら虎を退治したという「虎狩り」の伝説でも知られているほどだ。行長の思いを知ってか知らずか清正は激しい戦いを繰り返し、戦いは長期化していったのである。

そのうちに、1598（慶長3）年には当の秀吉が病死してしまい、秀吉軍は朝鮮半島から引き揚げざるを得なくなる。秀吉の思惑に反して清正と行長の先鋒隊の足並みが乱れていたことも、秀吉軍の劣勢に少なからず影響していたにちがいない。

この朝鮮出兵で大きな打撃を受けた豊臣家は、そのわずか2年後の1600（慶長5）年に「関ヶ原の戦い」で徳川家康に政権を奪われることになるのだが、この戦いに清正は東軍として家康側について、一方の行長は西軍として石田三成についている。宿命のライバルがついに袂を分かつときが来たのである。

戦いが家康率いる東軍の勝利に終わると、行長は奮闘するも捕えられて斬首、清正はついに家康より肥後の南半分を与えられた。実際に刃こそ交えることはなかったが、こうして秀吉の元で競い合ったふたりは、秀吉から家康へと移り変わる時代の大きなうねりのなかを強烈な個性をもって生き抜いたのである。

5

江戸時代

禁教令の発端になった詐欺事件とは？

鎖国という対外政策で知られる江戸幕府だが、当初は諸外国との貿易に積極的だった。

ところが、ひとつ大きな問題があった。キリスト教宣教師が多数入国して、国内にキリスト教徒が増えていくことである。神のもとですべての人間は平等であるというキリスト教の考え方は、封建制のもとで支配体制を固めていた幕府がとうてい容認できるものではなかった。

その一方で海外貿易が盛んになると、諸藩の中には貿易による利潤から莫大な富を得る大名や、大きな経済力を持つ豪商も出現し始めた。それもまた、幕府にとっては無視できない存在だった。

そこで1612（慶長17）年、幕府は、まず天領、つまり幕府の直轄地において「キリスト教禁止令」を出した。そして翌年にはこの禁教令が全国に広がり、キリスト教徒への弾圧が本格的に厳しさを増していくのである。

ところで、この禁教令の制定の発端となるある事件があった。1609（慶長14）年から1612（慶長17）年にかけて起こった「岡本大八事件《おかもとだいはちじけん》」である。

1609（慶長14）年、肥前《ひぜん》・有馬晴信《ありまはるのぶ》の朱印船がマカオでポルトガル船の船員たちとトラブルになり、晴信側の水夫約60名が殺されるという事件が起こる。

晴信は、家康から報復としてそのポルトガル船が長崎に寄港した際に撃沈してもいいという許可を受け、成功させるのだが、このときに晴信の報復処置への目付役となったのが、家康の側近本多正純《ほんだまさずみ》に仕える岡本大八という人物だった。

岡本大八は自分の立場を利用し、晴信に「家康様が今回の報復成功に対して広大な所領を与えようとしている」と嘘をつき、その仲介料として莫大な金を受け取る。

ところが、それだけでは終わらなかった。この岡本大八は、じつはパウロという洗礼名をもつキリシタンだったのである。

事件が発覚して処刑されることになった大八は、処刑前の拷問で多くの信者の名前を白状する。キリスト教徒が起こしたこの事件と、数多くの信者が存在するという事態を重くみた家康は、ついにキリスト教を厳しく取り締まるしかないと考え、「禁教令」の制定へと動いたのである。

岡本大八の罪は大金詐取だったが、それが時の将軍家康を動かしてキリスト教徒そのものの弾圧につながっていくとは、処刑された本人もつゆほども思わなかったはずである。

徳川体制を盤石なものにした「大坂の陣」の全貌とは？

1600（慶長5）年の「関ヶ原の戦い」は、豊臣から徳川へという天下の流れを決定づけた。

しかし、1603（慶長8）年に征夷大将軍となった徳川家康が江戸に幕府を開いてからも、豊臣家は秀吉の子の秀頼《ひでより》が成長すれば再び豊臣家に政権が戻ると信じていた。

徳川を天下人と認めない豊臣家にいら立った家康は、2年後、息子秀忠《ひでただ》に将軍職を譲り、今後も徳川家が将軍として天下を治めるのだという意志を示した。これにより両者の関係はいよいよ抜き差しならないものになっていった。

このような状況のなかで勃発したのが、1614（慶長19）年の大坂「冬の陣」と、翌年の「夏の陣」である。

戦いの直接のきっかけとなったのは、ひとつの〝鐘〟だ。

家康は腹心の本多正信に、豊臣家を攻める大義名分はないかと相談を持ちかけた。本多《ほんだ》正信《まさのぶ》が僧の金地院崇伝《こんちいんすうでん》に意見を求めたところ、京都東山に完成間近の方広寺の梵鐘の銘文こそ豊臣家を攻める理由になると入れ知恵された。

その鐘には「国家安康」の文字が刻まれていた。この言葉は「家康」の文字の間に別の文字が割り込んでいる。読みようでは「家康を真っ二つに分断する」とも受け取ることができる。つまりは家康への呪詛がこめられているというわけだ。

家康はこれを理由に「豊臣に謀反の意志あり」として、豊臣家の拠点であった大坂城を攻めることを決意した。

大坂冬の陣で豊臣家を弱体化することに成功した家康は、その後、大坂城の堀を埋め立てて城としての機能を低下させ、翌年の夏の陣で完全に豊臣家を無力化する。これにより徳川体制はいよいよ磐石なものになったのである。

「武家諸法度」を定めた幕府の思惑はどこにあった？

江戸幕府が大名統制を目的に制定した基本法令が「武家諸法度《ぶけしょはっと》」である。

最初に出されたのは１６１５（元和元）年、２代将軍秀忠《ひでただ》のときで、その13カ条の中には、「文武弓馬《ぶんぶきゅうば》の道をたしなむこと」「法度にそむいた者をかくまうことの禁止」「謀反人や殺害を犯したものは追放」「幕府の許可を得ない婚姻の禁止」「新しい築城の禁止」「城の補修は幕府に届け出ること」などが盛り込まれていた。

さらに3代将軍家光《いえみつ》のときに改訂され、新しい19カ条には「参勤交代《さんきんこうたい》」の規定についても明記された。

ただし、この武家諸法度の基本をつくったのは徳川家康である。

家康は、源頼朝の時代の武家政治を模範と考えていた。そこで徳川家を中心とした武家政権安定のために、林羅山《はやしらざん》や金地院崇伝といった学者に「貞永式目《じょうえいしきもく》」や「建武式目《けんむしきもく》」などを研究させ、それをもとに大名統制の基盤となる法令の制定を命じたのである。

そして1611（慶長11）年に、まず3カ条を発表して西国大名22人からの誓書を出させる。その3カ条には、源頼朝以降の将軍家の政治を敬うようにと明記されており、将軍家と大名との関係を明確に打ち出している。

この後、1615（元和元）年の七夕の日に正式な「武家諸法度」が発表される。これもやはり林羅山と金地院崇伝によるもので、大坂「夏の陣」の後、まだ帰国していなかった諸大名を前にして金地院崇伝が読み上げたといわれる。

なお、武家諸法度は、その後も将軍が代わるごとに改訂されるのが慣例になった。しかし、8代将軍吉宗《よしむね》になって、適用対象を大名だけでなくすべての武士にまで広げた5代将軍綱吉《つなよし》のものが重んじられるようになったといわれる。

参勤交代は、もともと大名の自発的な行動だった!?

江戸時代に行われた大名統制の最も代表的なものが参勤交代制度だ。原則として諸大名を1年交代で江戸に住まわせ、その妻子を「人質《ひとじち》」として江戸に常住させるという制度である。

江戸と地方との往来には莫大な費用がかかったが、それにより大名の経済力を低下させて謀反などの芽を摘み取ることがこの制度の大きな狙いだった。

じつはこの制度は、江戸時代になって始められたものではない。鎌倉時代には、すでに御家人が鎌倉に出仕する習慣があったし、戦国時代の戦国大名たちも自分に臣従する武士を自らの城下町に集めることが多かった。

さらに豊臣秀吉は、自分に服した大名たちに大坂城、聚楽第《じゅらくだい》、伏見城近辺に屋敷を与えて地方との間を1年ごとに行き来させ、屋敷には妻子を住まわせた。まさに江戸時代の参勤交代の原型といえる。

徳川家康がこれに倣ったのにはきっかけがあった。１６００（慶長5）年の関ヶ原の戦いで勝利して天下を取ると、１６０７（慶長12）年、島津家久をはじめとして諸大名が江戸を参勤するようになったのだ。

これは、新たな覇者である家康に臣従していることを示すための自発的な行動だったといわれるが、これに対して家康は江戸城下に屋敷を与えて妻子を江戸に住まわせることを義務づけた。

つまり、戦国大名や豊臣秀吉による〝見本〟があったところへ、諸大名の自発的な参勤が行われたことがきっかけとなり、これが制度として定着して参勤交代制度となったのだ。

なお、正式に義務づけられたのは、３代将軍家光の１６３５（寛永12）年に出された「武家諸法度」でのことである。

島原の乱の未曾有の悲劇はなぜ引き起こされた？

１６３７（寛永14）年10月25日に勃発した「島原《しまばら》の乱」は、江戸幕府に衝撃を与えただけでなく、日本を鎖国へと導いたという意味で日本の運命を大きく変えた出来事である。約4万人近い農民が蜂起して反乱を起こし、そのほとんどが殺されて鎮圧されたこの未曾有の悲劇は、そもそもなぜ引き起こされたのだろうか。

もともと農民たちの間には重い年貢に対する根強い不満があった。ことにこの地方では長年の凶作で年貢を納められない農民が多く、そんな農民には残酷な刑罰が待っていた。また、キリスト教徒の多い土地だったが、改宗を拒否した信者を雲仙《うんぜん》の火口に投げ落とすなどの虐殺も行われており、農民たちの怒りは年々鬱積していた。

そんななか、1637（寛永14）年10月23日、島原の有馬村で宣教活動をしていたふたりの男が役人に検挙されるという事件が起こった。

彼らが処刑されてしまったと思いこんだ村人たちは、集まって追悼の儀式を始め、さらに、これを止めようとした役人を怒りにまかせて殺してしまう。

役人殺しは大罪である。追いつめられた農民たちは、ついに本格的に一揆を起こしたのである。これが島原の乱の直接的な引き金だ。

一揆は各地に広がって大規模なものになり、天草へも飛び火する。約4万人近い勢力に膨《ふく》らんだ農民たちの総大将は天草四郎《あまくさしろう》という10代の少年だった。四郎は、ある宣教師のお告げをきっかけに、天より下った救世主だと信じられていたのだ。

島原にあった廃城である原城に立てこもった農民たちに対して幕府の討伐軍が派遣されるが、わずかな兵力しかなく埒が明かない。

結局、４カ月後にようやくこの乱を鎮めたのは幕府から派遣された老中松平信綱《まつだいらのぶつな》率いる軍だった。

兵糧《ひょうろう》攻めで農民たちを弱体化させたうえで一気に攻め込み原城を落とし、翌年２月28日に農民たちを壊滅状態にして、島原の乱は終息するのである。

年収から読み解く「大奥」の女たちの実像とは？

大奥は、江戸時代の女性たちにとって人気の奉公先だ。今に言い換えれば、就職したい会社ナンバー1の超大手企業といえるだろう。なぜなら中堅どころの女中でも、そこら辺の武士より高給取りだったからである。

大奥女中には、御台所《みだいどころ》（将軍の正妻）の側近である「上臈《じょうろう》御《お》年寄《としより》」から雑務全般の「御《お》末《すえ》」まで約20階級ほど役職があり、それぞれ給与が決められていた。

給与は5種類に分けて支給されており、基本給にあたるのが「御切米《おきりまい》」といわれる米による支給だ。

ほかに衣装代として現金で支給される「合力金《こうりょくきん》」、使用人の食費として米（女1人につき1日3合）で支給される「御扶持《ごふち》」、暖房や風呂に使う燃料として現物支給される炭、薪、油、湯之木、そして味噌と塩の代金として「五菜銀《ごさいぎん》」が現金支給された。

では、いったい年収はいくらだったのだろうか。寛政年間（1789〜1801年）の資料によると、驚くなかれ、最も高給取りである上臈御年寄ともなると御切米100石、御合力金100両、御扶持15人分、その他諸々の手当がつく。1両を12万円で換算するとざっと2650万円になる。

将軍の側室（正妻以外の妻）候補というべき「御中臈」クラスでも600万円前後という高収入になり、役職によっては給与や諸手当のほかに町屋敷が与えられるため、それを賃貸しで家賃収入なども得られたようだ。

さらに驚くべきことに、30年以上勤めた女中には年金もあった。「御切米」か「御合力金」のどちらか多いほうを一生支給されていたというのだから、大奥に奉公できた人は金銭的には恵まれていたといえるだろう。

江戸時代、夜空に打ち上げられた花火のスポンサーは？

夏の夜空を華やかに彩る隅田川の花火。現在でも毎年多くの観客が集まるが、江戸時代からすでに庶民の楽しみのひとつになっていた。

もともと戦ののろしが原型だったとされる花火を今のような姿にまで発展させたのは、両国にあった花火屋の「鍵屋《かぎや》」である。

もちろん、現在の花火よりはずっとシンプルだったようだが、それでも真っ暗な空にきらめく花火は人々を喜ばせた。

最初に大掛かりな花火が打ち上げられたのは、１７３３（享保18）年5月28日の両国の川開きの日だった。これは飢饉《ききん》や疫病《えきびょう》を祓《はら》うために花火を打ち上げたものだったが、それ以来、周囲の船宿や茶屋、料理屋などが、お客を呼び込む目的で花火を上げるようになっていったのである。

しかし、花火を上げるのはこうした店ばかりではなかった。涼み舟で川遊びを楽しんでいると、花火舟が近づいてくる。そして、お客の注文に応じて花火を打ち上げたのである。

この観客が買う花火だが、一発で1分ほどの値段だった。1分といえば、1両の4分の1に相当する。気前よく打ち上げていると、あっという間に1両や2両は軽く飛んでいってしまうのだ。当時としてはかなり贅沢な遊びであり、庶民にはとても真似できないことだった。

とはいえ、空に上がった花火は誰でも眺めることができる。涼み舟が出ている期間、庶民はお金持ちの打ち上げた花火を見上げてはタダで楽しんでいたのである。

「何を買っても4文均一」の店が江戸の庶民にウケたのは？

江戸の町には大店からごく小さな店まで多くの店があったが、庶民になじみ深かったのは「振《ふ》り売《う》り」というスタイルの物売りだ。

彼らは、魚や野菜といった食料品や日用雑貨などを担いで売り歩いていた。また道具の修理屋もいて、生活に必要なものはたいてい手に入った。

こうした庶民相手の商売は、当然のことながら値段が安いが、文化年間（1804〜1

7年）には「4文銭屋」と呼ばれる物売りたちが登場する。何を買ってもすべて4文で、元祖100円ショップともいうべき存在である。

なぜ4文だったのかといえば、その背景には田沼意次《たぬまおきつぐ》の貨幣改革が挙げられるだろう。小額貨幣としては1文銭だけが鋳造されていたのだが、田沼は1768（明和5）年に4文銭を発行したのだ。

この4文銭は当初、貨幣の質の悪さからあまり好まれなかったようだが、その便利さからしだいに普及していった。実際、4文銭が発行されてからは、ワンコインで買える「4文」という商品が増えている。

この時代、4文銭屋のほかにも38文、19文、13文など、均一価格の店が次々とできたらしい。安売りの店は庶民にもウケて、おおいに流行したようである。

「飛脚」の料金設定はどうなっていた？

江戸時代に手紙や荷物を運んでいたのは飛脚《ひきゃく》だ。最初は公文書を運ぶ仕事として誕生した飛脚だったが、参勤交代の制度が始まると江戸と国元とのやりとりをする大名飛脚が盛んになった。それが発展して民間の飛脚も生まれたのである。

現代なら早ければ翌日、遅くても2～3日もあれば、日本全国どこにでも荷物は届く。しかし、鉄道も自動車もないこの時代は飛脚の足だけが頼りだ。遠距離になると何人かがリレー形式でつないでいったとはいえ、江戸から大坂までは通常8日もかかった。

その料金は、重さが一貫目（約3・75キロ）の荷物で銀30匁《もんめ》に設定されている。今の価格で考えれば、2万～2万5000円ほどの金額だ。もっと軽い手紙でも銀1匁で、700～800円はかかった計算になる。

江戸時代の女中の年収は2両、だいたい銀120匁だったというから、飛脚の宅配料金は驚くほど高かったといえるだろう。

と、ここまでは普通便の話だが、速達便もあった。速達と名がつくとおり、日数が短くなればなるほど料金が割高になるのは当然で、江戸から大坂を3日で駆け抜けるいちばん早い特急便は、書状ですら7両2分もかかった。

それでも、儲けのチャンスを逃したくない商人などはこの特急便を利用したのだという。

ところで、飛脚のなかには江戸の市中で手紙を運ぶ町飛脚もいた。この場合は距離によって料金が異なってくるものの、24～50文ほどですんだ。返事をもらってきてもらうことも可能で、その際には料金が倍になるのだ。
ただし、武家屋敷への配達は割高になっており、通常料金の倍くらいが取られた。

米販売の仲介業者「札差」のスゴすぎる商売とは？

江戸の武士たちの給料は、大半が米で支払われていた。ただ、給料をもらったはいいものの、ものを買うには米を換金する必要がある。だが、これがなかなかやっかいだった。武士が自ら米を売るなどということはできないからである。

そこで登場したのが札差だ。札差は武士から米を受け取り、それを商人に売る、いわば米の販売の代行業者のようなものだった。

ところで、米の受領や販売で手にすることができる手数料は、米１００俵につき、およそ３分である。１両にも満たない儲けだとはいえ、取り引き相手が多くなればそれだけ実入りも多くなる。しかし、ここから運送代や人件費などの実費が差し引かれるのだから、丸々３分の儲けにはならない。

それにもかかわらず、札差は非常に羽振りのいい生活をしていた。なぜなら、代行業と同時に武士を相手に高利貸しも営んでいたからだ。身分的には士農工商のトップに立っていたとはいえ、武士の家計はどこも苦しかった。そのため、報酬としてもらう米を担保に札差から金を借りていたのである。

年利はだいたい15～18パーセント程度だが、ときには25パーセントということもあった。取り立ても厳しく、返済ができなければ、年3回支給される米から差し引かれた。借金が多い者は、支給される米の3分の1から半分も持っていかれてしまっていたという。

また、札差は「踊り」というあくどい貸し付けも行っている。

これは返済期日を家計が苦しくなる頃に設定しておいて、返済ができない場合は最後の月の利子を次の借金に上乗せしてしまうというものだ。つまり、ひと月分の利子を二重に搾取するわけである。

由比正雪の乱の未だ解けない謎とは？

およそ２６０年にもわたって天下泰平の世が続いた江戸時代だが、しかし、大きな事件がまったく起こらなかったわけではない。じつは、幕府転覆を企てた一大クーデター計画が存在したのだ。それが、第3代将軍徳川家光の死後、1651(慶安4)年に起こった「由比正雪《ゆいしょうせつ》の乱」である。

首謀者は由比正雪という軍学者で、他に槍術家の丸橋忠弥《まるばしちゅうや》、金井半兵衛《かないはんべえ》、熊谷直義《くまがいなおよし》といった浪人たちが共謀している。

その計画は、まず由比正雪が久能山《くのうざん》の金蔵を急襲して金を強奪、丸橋忠弥が小石川の煙硝蔵《えんしょうぐら》に放火して江戸市街地を焼き尽くし、あわてて登城する老中たちを大火の混乱に乗じて斬殺、その後に江戸城を占拠して江戸幕府を乗っ取るというものだった。

結局、仲間のひとりが恐れをなして幕府に密告したことから計画が発覚し、丸橋忠弥が捕らえられた後に由比正雪も包囲されて自害。このクーデターはあっけなく未遂に終わったのである。

この事件はいまだ謎に包まれていて、その全容はわかっていない。しかし、幕府の政治に対する当時の人々の不満が事件のきっかけのひとつになったということは間違いないだろう。

江戸時代を支えていたのは安定した武家政権だが、じつは全国には武士の失業者があふれかえっていた。

関ヶ原の戦い以降、揺るぎのない徳川政権を支えていたのは、力のある大名を次々と取り潰して無力化していく大名改易政策だった。しかしその結果、大名に仕えていた武士たちは主を失い、職を失うのである。

戦もないから、自慢の剣の腕を振るう機会もない。ついには何もすることのなくなった武士が浪人となり、その数は全国で50万人近くにも膨れ上がったのだ。

当然彼らの不満は幕府に向けられる。平穏に思える江戸時代だが、じつはこういった無職の武士たちの不平不満が社会の中に渦巻いていたのである。

これに目をつけたのが、浪人たちの相談役として活動していた軍学者の由比正雪だった。

彼は、この鬱積《うっせき》した不満をひとつにまとめれば幕府の乗っ取りも夢ではないと思いつく。そして、武士たちが再び武士らしく活躍できる時代を築こうとして大胆なクーデター計画を練り上げたのである。それが由比正雪の乱なのだ。

この反乱がもしも成功していたら、江戸時代はわずか50年で終焉を迎えていたかもしれない。

とはいえ、これ以降、幕府は大名改易の基準を緩めたわけで、未遂には終わったものの武士にとってはそれなりの結果が出た事件だったのである。

「生類憐れみの令」は、江戸にどんな混乱をもたらした？

江戸時代に出されたさまざまな法令の中で、とくに天下の悪法として知られるのが「生《しょう》類《るい》憐《あわれ》みの令《れい》」である。制定したのは5代将軍徳川綱吉だ。

綱吉はとくに犬を大切にし、犬を虐待した罪で死刑や島流しになった者もいた。そのために綱吉は「犬《いぬ》公方《くぼう》」とも呼ばれるが、しかし生類憐みの令は犬の虐待だけを禁じたわけではない。馬、猿、鳥類、亀、蛇、いもり、昆虫類などさまざまな動物に対する殺生を禁じた法令が60以上もあり、それらを総称して生類憐みの令と呼ぶのである。

では、なぜ綱吉は、このような極端な法令を発布したのだろうか。そのきっかけとなったのは、隆光《りゅうこう》という大僧正の発言だ。

綱吉は1683（天和3）年に子を亡くして以来、嗣子に恵まれず悩んでいた。

将軍でありながら跡継ぎが生まれないのは大問題である。苦悩する綱吉に対し、綱吉の生母が帰依していた隆光が「子ができない理由は前世で殺生をしたからである」として、戌年生まれの綱吉に犬の愛護を進言したのである。

そこで綱吉は、１６８５（貞享２）年に殺生を禁止する法令を出した。とくに犬が好きで自分でも１００匹もの犬を飼っていた綱吉は、犬の愛護を重要視した。しかしそれだけにとどまらず、法令はやがて他の動物の愛護にまで広がったのである。

これにより将軍の重要な娯楽だった鷹場が廃止されたほか、江戸郊外に16万坪もの野犬収容所がつくられて膨大な費用がかさむなどの弊害も出た。この法令は、綱吉が死ぬ１７０９（宝永６）年まで続けられたのである。

なお、隆光の進言に従ったにもかかわらず結局綱吉は子に恵まれず、後継者の６代将軍となったのは家光の三男であり、甲府藩主だった綱重《つなしげ》の長子家宣《いえのぶ》である。

江戸時代に「江戸前寿司」はいくらで食べることができた？

「江戸前寿司」といえばちょっと贅沢感が漂う食べものだが、登場したのは江戸時代の文政年間（１８１８〜１８３０年）ごろだといわれている。にぎり寿司は江戸で生まれたが、江戸前寿司とは、江戸城の前に広がる海で獲れた魚をネタとして使った寿司全般をさす言葉である。

贅沢とは縁のなかった江戸時代の庶民にとってこの江戸前寿司は、手軽でありながらもちょっと贅沢な気分を味わえる食事だった。

寿司ネタとしては、アジ、タイ、コハダ、アナゴ、玉子など今とほとんど同じものが並んでいたが、庶民には光ものが人気で、マグロはあまり食べられなかった。また今と違って、ふつうの店舗だけでなく屋台の寿司屋も多かった。

さて、その江戸前寿司の値段だが、本来は、1カンでおよそ4文から60文と幅があった（1文は現在の20〜25円ほど）。しかし老中・水野忠邦《みずのただくに》の「天保《てんぽう》の改革」によって「贅沢はけしからん」と取り締まりを受け、もっとも高いものでも8文程度になった。だが、その後締めつけが緩むと、再び20文以上の寿司も出てきたようだ。

寿司はどの店で食べるかによっても値段に違いがあり、それなりの店で食べれば20〜30文だが、屋台で食べると10文以下だった。

江戸時代は全国のモノの流通が整備され、ある地方の特産物などが全国に広がるのにさほど時間のかからない時代だった。

江戸前寿司も例外ではなく、文政年間末期には大坂、さらに天保年間になると名古屋にも広がったといわれている。

歌舞伎の入場料は、今と比べて江戸時代のほうが高い？　安い？

歌舞伎は日本を代表する古典芸能のひとつだが、江戸で盛んになったのは18世紀半ばごろからだといわれている。

最初に興行を行った中村座を皮切りに、あちこちに芝居小屋が建てられたが、1841（天保12）年の水野忠邦の改革により、芝居小屋は浅草近くの猿若町に集められた。そして、武家や豪商から庶民までもが熱狂する娯楽となったのだ。

当時の興行は朝6時頃から夕方4時頃までで、少しでもいい席を確保したい庶民は、まだ夜も明け切らないうちから小屋の前に並んでいたという。

彼らが座るのは平土間と呼ばれるいちばん安い枡席だ。ひと枡の中にはだいたい7人が座ることになっていたが、お客が多いとそれ以上に詰め込まれることもあった。出し物や出演者、あるいは時代によって見物料は異なるものの、現在の金額にして、およそ数千円といったところが相場だったようだ。

一方、懐に余裕のある商人などは、チケットの手配をしている芝居茶屋へと向かう。そこで観劇用のよそいきに着替え、いちばん高い桟敷席へと案内された。ここは今の価値にして10万円以上する席である。

芝居茶屋は菓子や弁当を用意するほか、幕間には休憩所となり、芝居のあとには一席設ける。このときにはひいきの役者を座敷に招くこともできたという。

芝居茶屋を利用する人々は見物料に加え、飲食代まで奮発していたのだ。

桟敷席とは比べものにならない金額だとはいえ、庶民にとっては平土間でもけっして安い料金ではない。何カ月も金を貯めて見に行く者もいたが、じつはその日暮らしの庶民にも手軽に歌舞伎見物を楽しめる席があった。それは2階席の奥にあった立ち見席だ。

ここは現在のお金で数百円程度だったため、芝居好きは毎日でも通うことができたのである。

「お伊勢参り」で東海道を旅するのに一日いくら必要だった？

弥次《やじ》さん、喜多《きた》さんが珍道中を繰り広げる『東海道中《とうかいどうちゅう》膝栗毛《ひざくりげ》』。2人は物語の登場人物だが、この本が出版されたころから一般庶民の間でも旅を楽しむ人々が増えてきた。彼らの目的は寺社への参詣《さんけい》だとはいえ、知らない土地の珍しい風物に触れることができるため物見遊山《ものみゆさん》も兼ねていた。

なかでも人気が高かったのはお伊勢参り。弥次さん、喜多さんと同じ東海道を行くコースだ。ところで、この東海道を旅するときは、1日の路銀《ろぎん》（旅費）はいったいいくら必要だったのだろうか。

道中でいちばん大きな割合を占めていたのは宿代だ。1泊2食つきの旅籠《はたご》だと、平均で150〜200文くらいの料金が相場だった。

もちろん、1日に払うのは宿代だけではない。旅籠によっては出立する日に弁当を持たせてくれるところもあったようだが、それがなければ昼食代が必要だし、途中で休憩すれば茶代もかかる。

移動手段は基本的には徒歩だから、途中でわらじも買い替えなければならない。また、宿に泊まれば、多少の心づけを払うこともある。

こうした諸々の雑費までを含めると、1日に400〜600文程度が必要だった。現代のお金に換算すれば、およそ8000〜1万5000円くらいに相当する。

ところで、これは平旅籠と呼ばれるふつうの宿屋に泊まった場合の話。宿の下働きをしながら夜の相手もしてくれる女性を抱えた、いわゆる飯盛旅籠だと、女性を呼んだ料金は別に支払うことになる。

徳川吉宗が思いついた“改革”の中身とは？

江戸三大改革のうち最初に行われたのが、1716（享保《きょうほう》元）年の「享保の改革」である。この改革を行ったのが8代将軍徳川吉宗《よしむね》だ。

米相場の改革を中心に財政再建を進めたために「米将軍」とも呼ばれ、名君とされるが、じつは徳川家直系ではなく御三家から迎えられている。直系ではない吉宗はどんな経緯で将軍となり、歴史に残る大改革を行うことになったのだろうか。

7代将軍徳川家継《いえつぐ》が亡くなったのは1716（享保元）年のことで、わずか8歳だった。これにより家康の三男である秀忠の男系男子は館林《たてばやし》藩主松平清武《きよたけ》のみになり、順番でいえばこの松平清武が8代将軍となるはずだった。

ところが松平清武は高齢であり、しかも館林藩は重税による一揆が頻発していて藩を離れるわけにはいかない。そのために誰か別の後継者を探す必要があった。

本来ならば御三家筆頭の尾張家から次の将軍を迎えるのが自然である。ところが、尾張家では当主が相次いで若いうちに病死しており、ふさわしい者がいなかった。そこで御三家の紀州藩第2代藩主徳川光貞《みつさだ》の四男吉宗に注目が集まったのだ。

吉宗には財政再建に実績があった。1710（宝永7）年以降、紀州藩が抱えていた借金返済や藩札の停止、家中への差上金の賦課、自然災害の復旧などを通して傾いていた藩の財政を立て直したのである。ちょうどそのころ江戸幕府は経済的に逼迫《ひっぱく》し、財政問題解決が急務という状態にあり、吉宗の手腕が期待されたのである。

7代将軍家継が幼少で死に、徳川家直系者が高齢で藩を離れることができない。折りしも幕府は経済難のどん底にある。これらが重なったことで、吉宗は御三家出身者として初めて将軍として迎えられたわけだ。

かくして吉宗はすぐに享保の改革に着手した。質素倹約を広く呼びかけ、増税を行い、新田開発などの公共事業を行うことで幕府の収入を増やし、社会経済の安定を図った。吉宗自身が質素倹約の手本となるべく質素な着物や食生活を実践したことは有名な逸話である。

また「上米《あげまい》の制」を設け、石高《こくだか》1万石に対して百石の米を納めさせる代わりに、参勤交代のときの江戸在住を半年に短縮した。これもまた増収に大いに効果を発揮した。

そして1745（延享2）年に将軍職を退いてからも「大御所」という地位につき、9

代将軍家重を補佐する形で政治に対して大きな発言権を持ち続けたのである。

[redacted]

大石内蔵助が赤穂事件で切腹した後、その「家禄」は誰が手にした？

[redacted]

「忠臣蔵」でおなじみの大石内蔵助《おおいしくらのすけ》は、世に言う「赤穂《あこう》事件」の中心人物である。

赤穂事件は、１７０２（元禄15）年の12月14日深夜、元赤穂藩の家臣47人が高家《こうけ》筆頭・吉良上野介《きらこうずけのすけ》の屋敷に討ち入りし、上野介を殺害した事件だ。

事件の背景には、江戸城で赤穂藩主・浅野内匠頭《あさのたくみのかみ》が上野介に斬りかかった刃傷《にんじょう》事件の際、主君内匠頭が一方的に悪者にされて、即日切腹のうえ藩が取りつぶされたという家臣の悔しい思いがある。

しかし、事情はどうあれ、事件後に参加した赤穂藩士全員が切腹を命じられている。

このころの常識では、父親が重罪を犯した場合、子どもも刑を受けるのが当たり前だった。しかしリーダーである内蔵助の子どものなかには、じつに１５００石という父と同じ家禄を与えられ、69歳まで生き延びた者がいたのだ。

内蔵助には3男2女がいた。長男の主税《ちから》は、14歳の若さで討ち入りに参加し、16歳で父親と共に切腹したことで知られている。

　また長女くうは、その翌年に15歳で亡くなり、二男吉千代は僧侶となって島流しの刑になるのを避けたものの19歳で亡くなっている。

　二女るりは、15歳で広島藩番頭１０００石の浅野直道に嫁ぎ、53歳まで生き抜いた。そして、末っ子で三男の大三郎が法外な家禄を継いだ人物である。

　大三郎は、吉良邸討ち入りの年に生まれた子どもで、本来なら15歳を待って島流しになるところを１７０９（宝永６）年に大赦《たいしゃ》があり、父の罪が消えて難を逃れたのだ。

　その後、英雄化されていた内蔵助の子どもをほしいと願った広島藩浅野本家が、12歳の大三郎を広島藩士にし、父親と同じ家禄を与えたというわけだ。

　与えられた家禄１５００石は今にすれば、年収およそ１７００万円と同じである。本人の資質とは関係ないのだからなんともうらやましい話である。

どうして江戸は、〝世界初の１００万都市〟になれた？

　１６１１（慶長16）年に来日したスペイン人、ドン・ロドリゴ・ビベーロは、江戸の人口を約15万人と書き残している。ところが、その後江戸の人口は急増し、8代将軍吉宗のころには約100万人に達したと推定されている。

当時、パリやロンドンはまだ約50万人だった。つまり、江戸は世界一の大都市へと成長したことになる。

では、江戸が世界最初の100万都市になったきっかけは、何だったのだろうか。

その大きな理由のひとつは、参勤交代制度にある。もともと将軍の家臣である旗本や御家人が多く住む江戸に、参勤交代で江戸にやってくる大名やその家族、家臣、奉公人などが加わり、江戸の武家人口は多いときで約50万人にも膨れ上がったのだ。

当然のことながら、この人口を支える衣食住や娯楽などの需要が増え、そのために商人や職人が江戸に集まる。参勤交代により江戸と地方との人や物資の行き来が増えれば、ほかの産業も活発になってますます人口増加につながったのである。

もうひとつのきっかけは、1657（明暦《めいれき》3）年に起こった「明暦の大火」である。建物が密集していたことが災いして焼死者10万人を出したこの大火災をきっかけに、大名屋敷や寺社が郊外に移され、道が拡張されるなどして江戸の町そのものが大きく広がった。つまり、それだけ人口の受け皿が大きくなったわけである。

さらに、新田開発により田畑が拡大して食糧の生産量が増加した。豊かな食糧は江戸に運び込まれて膨大な人口を支えたのだ。

江戸時代に入ると出生率も上昇したが、その結果、農村で跡取りになれない子供が江戸に流入するという現象も起こった。これらの要因がからみあって人口が急増し、世界一の大都市が生まれたのである。

１８２６（文政９）年に日本を訪れたシーボルトは、江戸の人口を約１５０万人と記している。当時の全国の人口は推定約３０００万人なので、その約３％の人口が集中していたことになるのだ。

なお、当時イギリスでは「産業革命」が起こり、ロンドンは１８５０年に人口約２４０万人を超す大都会へと成長している。つまり、江戸が世界一の大都市だった期間はかなり短かったことになる。

長屋の家賃は江戸の庶民にとってどの程度の負担だった？

おかみさんたちは洗濯をしながら井戸端会議をし、子どもが元気に露地を走り回る……。これは時代劇でおなじみの江戸時代の長屋の風景だ。

江戸では1軒の広さが間口9尺（約2・7メートル）、奥行き2間（約3・6メートル）という棟割長屋が一般的だった。このうち1畳半くらいが土間で、部屋は四畳半ひと間。風呂はなく、井戸と厠《かわや》は共同だ。しかも、隣の家のケンカまで筒抜けというほど壁は薄い。ずいぶんと貧しい暮らしに見えるが、文政年間では町人の約7割が借家人で、その大半が長屋に住んでいたという。

もちろん長屋のなかには、二階建てで小さな庭がついているものもあったとはいえ、そんなところに住めるのは大工や左官の棟梁など、ある程度収入のある者だけである。一般庶民にとっては棟割長屋がふつうの住まいだったのだ。

ところでこうした長屋には、野菜や魚を担ぎ売りする棒手振《ぼうてふり》や大工などの職人、仕立屋、小さな店の商人など、さまざまな職業の人が住んでいた。

場所によって多少の違いはあるが、家賃はだいたい月400～500文くらいだった。ちなみに、大工の1日の収入が500文前後、棒手振なら100～200文程度の稼ぎだったというから、ゆとりはなくとも生活に困るほどの家賃ではなかったのだろう。

それに、税金に当たる公役を納めていたのは地主で、長屋暮らしの借家人は税金を支払う必要がなかった。つまり、自分たちの生活費だけを稼げばよかったというわけだ。

そのかわり町政には参加できなかった。地主や、持ち家があり公役を払っている者だけが町政に参加できる町人として認められていたため、実際には大半の庶民が〝正式な〟町人ではなかったのである。

幕府公認の遊郭「吉原」の〝お金のしきたり〟とは？

現在知られている吉原といえば、「明暦《めいれき》の大火」の後に浅草寺《せんそうじ》から1キロほど裏手に移転した新吉原のことである。

私娼を相手にする岡場所は江戸にいくつもあったが、吉原はそれらとは別格で、唯一、幕府が公認した遊廓だった。その吉原で、吉原らしい華やかな遊びを楽しみたいなら、大枚をはたかなければならない超高級な遊び場だったのである。

まず、吉原に向かう際に猪牙《ちょき》船や駕籠《かご》を使えば、それだけで２００文や３００文は飛んでしまう。なけなしの金をはたいて遊びに行く庶民は、もちろん徒歩で行った。

郭《くるわ》に上がってからは遊女の格によって料金が異なるが、たとえば花魁《おいらん》などの高級遊女を呼んだケースを見てみよう。

最上級の花魁の場合だと、座敷に呼ぶ揚代だけで1両1分かかったという。さらに、花魁が座敷に来るまでには1～2時間待たされることも珍しくない。

その間、酒や料理を食べ、幇間《ほうかん》や芸者衆の芸で間を持たせる。当然のことながら、これは別料金である。

そして、ようやく花魁が登場しても、いきなり床入りはできないのだ。初回は遠く離れて座り、お客の顔を見てくれることさえないという。3回めでやっと馴染み客として認めてもらえるが、馴染金と称した祝儀をごっそりと持っていかれる。

こうして何回も通っても、花魁に気に入ってもらえなければ振られることもある。一方、念願かなって床入りができた場合には、5両～10両もの祝儀を払うのだ。化政期の金額で換算すると、これは約40万～80万円もの大金になる。

かなりのお大尽様でなければ、吉原で上級の遊女を相手にすることはできなかったのである。

江戸でブームになった「富くじ」の一等賞金はいくら？

富《とみ》くじは、現在の宝くじのようなものである。当時の人々は番号の書かれた富札を買い、抽選でその番号が当たれば賞金を手に入れられるという仕組みだ。

富くじの発祥はかなり古いというが、ブームになったのは江戸時代のことで、そのころの幕府は民間で行われている富くじを厳しく取り締まっていた。

しかし、享保年間（1716～1736年）に、寺社にだけ富くじを扱える許可を与えたのである。これは幕府からの助成金を打ち切るかわりに、富くじの収益を寺社の修繕などに使わせることが目的だった。

そのなかでも谷中の感応寺《かんのうじ》や湯島天神、目黒不動尊は「江戸の三富」と呼ばれ、たいそうなにぎわいを見せたという。

ところで、これほど人々を熱狂させた富くじの賞金は、いったいいくらだったのだろうか。もっとも一般的だったのは、一等賞金100両というものである。現在のお金に換算すると、500万～6000万円といったところだ。

二等は一等の半額の50両、三等はまたその半額の25両……と続いていき、100等まで当たることになっていた。

一方、富くじ1枚の値段はというと、およそ500文だった。これは庶民にとってはけっこうな高額で、おいそれとは買えない。そこで、1人50文ずつを出し合って共同で1枚を購入することも多かった。

やがて富くじ熱はヒートアップしていき、一等賞金が１０００両というケースもあったらしい。時代を問わず、庶民はくじに一獲千金の夢を託したのである。

リーズナブルに楽しめた江戸の〝居酒屋スタイル〟とは？

時代劇では、登場人物たちが居酒屋で酒を呑んでいるシーンをよく見かける。とはいえ実際にはテレビに出てくるようなテーブルとイスというスタイルではなく、「床几《しょうぎ》」と呼ばれた長イスのようなものに腰掛け、酒もそこに置いていたのだという。

江戸時代の居酒屋は、縄のれん、一膳飯屋、煮売り酒屋とも呼ばれており、職人や行商人などの庶民に親しまれていた。もともと総菜を売る店から発展したともいわれていて、酒を呑まずに食事だけすることも可能だったため、今とは違って朝から開いている店もあった。

居酒屋で出していた酒は、1合でだいたい20文程度。つまみは煮魚、焼き魚、イモの煮っ転がしなどいろいろあったが、ひと皿で8文くらいが相場だったらしい。酒に比べるとずいぶんと割安である。

また、酒抜きで食事をした場合は、１食で24文もあれば足りたという。酒を2〜3合呑み、いくつかつまみを頼めば、１回で60〜１００文近くがかかることになるが、それでも庶民には人気で繁盛する店が多かったのである。

東海道の難所・大井川を渡るときの水深と料金の関係は？

「越《こ》すに越《こ》されぬ大井川《おおいがわ》」といわれたように、東海道を旅するときのいちばんの難所だったのが大井川である。幕府は防衛上の理由からこの大井川には橋も渡し舟も認めていなかったため、旅人は川越え人足に頼るしかなかった。したがって、雨で増水でもすれば、たちまち川の手前で足止めを食らってしまうことになったのだ。

そこで、旅人は人足に肩車をしてもらって川を渡ることになる。ところが、この料金は一定ではなく、川の水量によって異なっていた。

人足の股下までは48文、帯下だと52文、帯上になると68文、胸のあたりなら78文、脇下までくると90〜１００文だった。最低料金と最高料金では倍以上もの開きがあるうえ、人足は胸や脇下など川の水量が増すにつれて料金のほかにチップとして酒代まで要求した。

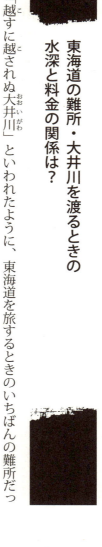

女性の場合はさらに料金がかさむ。肩車というわけにもいかないので、蓮台渡しを利用することになるからだ。

蓮台は最低でも４人で担ぐので、４人分の人足料金がかかるうえ、さらに川札が２枚必要になる。つまり、合計で６人分相当の金額を払わなければならないのである。68文の水量だったとすれば、４０８文もかかってしまうというわけだ。

蓮台にはいろいろな種類があり、人足が16人とか、先導する人足もついて総勢20人などというケースもあったという。

旅人にとって大井川の川渡しは、じつに大きな出費になっていたのである。

健康保険がない時代、医者に支払った「診察料」の相場は？

江戸時代には「医は仁術《じんじゅつ》」という考え方があり、無償で患者を診察する赤ひげのような医者もいた。しかし、医者も生活費は必要だし、診てもらった患者にも感謝の気持ちがある。そこで、「薬礼《やくれい》」という名の診察料を払ったのである。

といっても、現代のように患者の自己負担は、かかった医療費の3割という時代ではない。医者に支払う薬礼はけっして安いものではなかったのだ。

医者には幕府に仕える御典医、藩に仕える藩医、そして町医者などの種類がある。一般の町人であっても、お金さえ払えば御典医に診てもらうこともできたが、御典医に往診を頼むと、1回の診察で4両もの大金が必要だった。

しかも、御典医ともなれば何人かのお供を連れて来る。薬礼のほか、こうした供回りへの謝礼も支払わなければならなかったのである。

そして、町医者でも1分〜2分の薬礼を請求された。現代のお金に換算すれば、これでもおおよそ1万〜2万円はかかってしまう。遠くの医者に往診を頼めば、ここに駕籠代も上乗せされることになる。

しかも薬代は別料金だ。3日分で1分、1週間分で2分が相場だった。4分が1両に相当するので、1回の診察と薬の処方で1両が飛んでいってしまうことも珍しくなかった。

では、こんな高額な薬礼など払えない庶民は、どうしていたのだろうか。彼らが頼ったのは、鍼灸治療やもみ療治、薬売りなどだ。膏薬、せき薬、頭痛薬などさまざまな薬が売られていたが、せいぜい16文〜数十文程度ですんだのである。

「島流しの刑」になっても、それなりの暮らしができたってホント？

罪を犯せばさまざまな刑を受けたが、「島流しの刑」になった罪人らには、当然のことながら住む場所や食糧支給はなかった。労役を課せられることもない代わりに、保護も報酬もなにもなく「自分の力で生きなさい」ということだったのだ。そんななかで流人たちは、いったいどう生きていたのだろうか。

島流しの刑は、「死刑」に次ぐ重い刑である。だから死ぬほど辛く苦しい思いをしそうなものだが現実は違っていて、案外楽しく暮らしていたようだ。

もちろん送られる島によって差があり、生きるか死ぬかの苦しい生活をしながら無残にも餓死する者もいた。でも大半は、島に住む人たちに温かく迎えられたといわれている。

そもそも島流しの刑になるような重罪人は、主に政治犯である。幕府に反旗をひるがえすような人は、教養があり、それなりに身分が高い人物なので島でも大事にされたのだ。江戸時代の八丈島あたりでは幕府から流人を大事にして生かしておくようにと、お達しがあったともいわれている。

また手に職のある流人は、その技術を生かして賃金をもらいながら島内でふつうの暮らしができた。特に大工は台風などで家が壊れやすい島では重宝され、比較的裕福だったという。もちろん、たとえ手に職がなくても漁業や農業を手伝って細々とでも暮らしていけたのだ。

ただ、自給自足でやっと暮らしている島民にとって流人を抱えることは負担だった。村ごとに押しつけ合うこともあったようだが、流人は本土の様子を知るための大事な情報源でもあり、教養を得たり、新しい商品や技術を入手できることは島民にとってメリットがあったのである。

厳しい倹約を強いられた寛政期、相撲ブームが巻き起こったのは？

相撲の歴史は古く、『日本書紀』に記された「力比べ」がその起源だという。織田信長が相撲好きだったという話も有名だ。

相撲は江戸っ子たちにも人気のスポーツで、当時の相撲は「勧進相撲《かんじんずもう》」というスタイルをとっていた。勧進とは寺社の修復や建立のためにお金を募ることで、相撲の観戦料は寺社の修復に使われるという名目になっていたのだ。とはいえ、町人が勧進元になり、営利目的で開催されたことも多かったらしい。

ところで、江戸時代になって相撲が盛んになったのは、天明から寛政にかけてだ。寛政期といえば、松平定信が風紀を乱す書物の出版や贅沢を禁じ、厳しい倹約を強いていた時代である。

しかし、もともとが武芸から発展したものだったからか、勧進の名目で行われていたせいか、はっきりとした理由はわからないが相撲は取り締まりの対象にはならなかった。この時期には谷風や小野川などの名力士も登場したため相撲熱は高まっていくのだ。

江戸では年に2回、晴れた日に8日間の予定で興行が実施されている。観戦料は200文くらいだが、庶民にとっては安い料金ではなかった。桟敷席なら銀43匁、畳一畳は金1分と、かなり高めに設定されていたにもかかわらず、数千人の客が詰めかけたというのだから、いかに人気があったかわかるだろう。

ちなみに、力士には職業力士と大名お抱えの力士がいた。大名お抱え力士の身分は武士であり、10人扶持の給料をもらっていたほか、帯刀も許されていた。

下級武士の「与力」「同心」が意外に裕福だったカラクリは？

江戸に町奉行所がつくられたのは、１６３１（寛永８）年のことである。北と南の奉行所にはそれぞれ、与力25人、同心１２０人が所属していたという。「八丁堀の旦那」と呼ばれるのは、この与力と同心たちだ。

彼らは町の正義を守るヒーローのような立場だが、その身分はそれほど高くない。与力は２００石取りで中級の下といったところだ。また、同心は30俵2人扶持とさらに低く、下級武士クラスに相当する。

このように、与力や同心はけっして高給取りとはいえなかったが、意外なことにその収入からは考えられないほどの豊かな暮らしを送っていたのだ。

というのも、彼らはその役目柄、いろいろなところから付け届けがあったからである。

たとえば、江戸に詰めている各藩の武士がもめごとを起こしても、できるだけことを大きくしたくない大名屋敷は与力にいくらかの金銭を届けておく。

あるいは、少々の金銭トラブルなら表沙汰にしたくない大店からも袖の下が渡される。

小さなことで頻繁に奉行所に呼び出されては、店の信用にも関わるというわけである。

つまり、何かことが起きたときに穏便にすませたい面々が、転ばぬ先の杖として与力や同心たちにたびたび付け届けを行っていたのだ。

ちなみに、江戸時代も後半になると、同じ石高で4人もお供を従えられるのは与力だけだったという。また、与力と同心は髪結いに毎日髪と髭を整えさせることもできた。一つひとつは小さな金額でも、この付け届けはけっこうな収入になっていたのである。

給料ゼロでも「岡っ引」が暮らしていけたのはなぜ？

時代劇では「親分、てーへん（大変）だ！」と、奉行所に駆け込んでくるのはたいてい岡っ引だ。町中をちょこまかと走り回って情報を集めてきては、ボスである与力や同心に知らせるのが主な仕事だ。でも、彼らは下っ端の役人ではなく「政府非公認の協力者」であった。

与力や同心の配下であることは確かだが、元は犯罪者や博徒だった者が多い。罪を許してもらう代わりに手下として働くボランティアといえばいいだろうか。

「岡っ引」は江戸の名称で、関八州では「目明《めあ》かし」、関西では「手先《てあらい》」、「口問《くちと》い」と地方によって呼び名は違う。

ボランティアなので給料はどこからももらえないし、十手を所持することも許されず、負い目があるので逆らえない。転職したくても許されない立場だったのだ。

そこで彼らは、妻を茶屋や小間物屋で働かせたり、大名から奉行所に届けられる金品を分けてもらったり、庶民からの付け届けなどを受け取って収入源にしていた。

さらに、彼らはゆすりやたかりも行っていた。

たとえば、捕まえた盗人が取り調べのなかで、どの店から何を盗んだのか自供をはじめると、名前が挙がった店の主人は奉行所に出向かなければならない。行けば行ったで一日仕事になってしまうため、それが面倒な大店では「何も盗まれていなかったことに」と、岡っ引に「袖の下」を渡して口止めするのだ。一度そのようなことがあればゆすりのネタになるというわけだ。

与力や同心の屋敷のなかに岡っ引たちのための食事やおやつを常備するところもあれば、地方によっては駄賃代わりに食い捨て（無銭飲食）を許可している地域もあったので、彼らは給料はなくても十分に生きていけたのである。

[redacted]

樺太探検に挑んだ間宮林蔵の本当の動機とは？

樺太とユーラシア大陸に挟まれた海峡を「間宮海峡」という。江戸時代にこの地を探検した間《ま》宮林蔵《みやりんぞう》からとられた名称だ。

１７８０（安永９）年に常陸国（茨城県）で生まれた間宮林蔵は、幕府の測量技師として全国の地図を作成する仕事をしていた。その彼が樺太を探検し、この地が島であることを発見したのは１８０８（文化５）年のことである。

それにしても江戸時代のこの時期に、なぜ彼ははるばる樺太探検をしたのだろうか。発端は１８０４（文化元）年に起こったある出来事だった。

ロシア皇帝の命により、レザノフというロシア人が長崎港に入港して日本に交易を要求した。しかし、約半年も返答を待たされた末にあっけなく断られてしまう。これに激怒したロシアは、武力をもって日本を威嚇しようと、１８０７（文化４）年に択捉島を襲撃したのである。

このとき間宮林蔵は、国後島から択捉島の海岸線の地図作成と道路づくりを命じられて

[redacted]

この地に滞在していた。突然のロシア兵の襲撃に日本側の兵は戦わずに逃亡してしまうが、ただひとり抗戦を呼びかけ、他の兵が全員退却したあともロシア艦の動きを監視したのが間宮林蔵だったのだ。

さらに彼は、北の地の防衛と国益のためにロシアへの潜入が必要だとする上申書を出した。この一連の行動が函館の奉行所に認められ、上申書の内容も大いに注目された結果、彼は樺太探検を命じられたのである。

当時はまだ、樺太付近の地理がわかっておらず、ユーラシア大陸につながる半島ではないかと考えられていた。そこで間宮林蔵に樺太を調査させてその地理を確認し、北方からの侵入者に備えるというのがその大きな目的だった。

そうして彼は樺太を探検し、ついに海を渡って、樺太と大陸は陸続きではなく、間に狭い海峡が横たわっていることを突き止める。さらには、その地を支配している清とも接触し、大陸支配の状況をも調査したのである。

ちなみに、間宮林蔵の樺太探検は、後にシーボルトが１８３２年に出した『ニッポン』という書物の中で欧米社会に対しても紹介された。

その結果、樺太が島であることを発見したのは間宮林蔵であるということが事実として認識され、間宮海峡の名がつけられたのである。

異国船を打ち払うことに決まった経緯は？

鎖国体制が続いていたなか、江戸幕府は１８２５（文政８）年にあらためて「異国船打払令《いこくせんうちはらいれい》」を出した。日本沿岸に近づくオランダと清国以外の外国船はためらうことなく砲撃して打ち払うことを命じたもので、「無二念《むにねん》打ち払い令」ともいう。

鎖国体制は磐石ではなく、外国船はしばしば日本を訪れて通商を求め、なかには無許可で上陸したり暴行事件などに発展することもあった。

そんな状況のなかで幕府は、「異国船打ち払い令」を出すことで鎖国体制を維持しようとしたわけだ。

とくに、この法令が出される大きなきっかけとなった事件がある。それが１８０８（文化５）年に起こった「フェートン号事件」である。

イギリスの軍艦フェートン号が長崎港に侵入した事件だが、イギリス船であるにもかかわらず、オランダの国旗を掲げて国籍を偽っていたのだ。なぜ、フェートン号はそのような行為に及んだのだろうか。その背景にはヨーロッパの状況が関わっている。

当時のヨーロッパはナポレオンの時代だった。鎖国体制にあっても日本が通商を行っていたオランダは、ナポレオン戦争によってフランスの属国となっていた。そのために、フランスと敵対関係にあったイギリスとも反目し合う関係だった。

そしてそのイギリスは、アジアにおけるオランダの商圏を自らのものにしようと考えていた。そのためオランダの船を装って日本に侵入しようと目論んだのだ。

オランダ国旗を掲げたイギリス船をオランダ船だと信じた長崎奉行所の役人はオランダ商館員2人とともに船に接近したが、商館員2人はそのまま人質として捕らえられてしまう。

フェートン号は水と食糧を要求し、さらには港内を調べてオランダ船を探した。もちろん奪取するためだ。しかし結局オランダ船はなく、フェートン号はそのまま逃げたのである。

この事件の責任をとって長崎奉行の松平康英《やすひで》らが切腹、長崎警備担当だった佐賀藩主鍋《なべ》島斉直《しまなりなお》も処分され、幕府は長崎港に入る外国船を厳しく検査するようになった。

しかし、その後も同じような外国船の侵入事件は後を絶たなかった。そのために危機感を持った幕府は異国船打ち払い令を出すに至り、外国船を強硬な手段で排斥することになったのである。

「蛮社の獄」を実行した幕府は、いったい何を恐れていた？

19世紀に入り、江戸幕府の力が揺らぎ始めると、幕政に対する不満が表面化するようになった。それに対して幕府は断固とした立場を取り、言論への弾圧を加えていく。なかでも代表的なものが1839（天保10）年に起こった「蛮社《ばんしゃ》の獄《ごく》」である。

蛮社とは「蛮学社中」を略した言葉である。蛮学とは西洋学問のことであり、このグループには渡辺《わたなべ》崋山《かざん》、高野《たかの》長英《ちょうえい》、小関三英《こせきさんえい》ら積極的に西洋学問を学ぶ学者たちが集まっていた。

このうち渡辺崋山が「慎機論《しんきろん》」、高野長英が「戊辰夢物語《ぼしんゆめものがたり》」を著して幕府の異国船打ち払い令を批判する。するとこれが幕府の逆鱗に触れて、渡辺崋山は永蟄居、高野長英は永牢（無期懲役）となる。これが蛮社の獄だ。高野長英はその後脱獄したが自殺に追い込まれている。

この一大言論弾圧でとくに力をふるったのは、幕府目付の鳥居《とりい》耀蔵《ようぞう》である。大塩平八郎の乱が起こったことで幕府に反抗する勢力の動きに目を光らせていた鳥居は、洋学嫌いとしても知られ、蛮社で活動する思想家たちの行動を潰したいと考えていた。

そんなところに、「慎機論」「戊戌夢物語」という幕府批判書が出されたことで鳥居は弾圧のきっかけをつかみ、蛮社の獄を断行するのである。

そもそもこれらの本が書かれた背景には、きっかけとなる事件があった。1837（天保8）年の「モリソン号事件」である。

鹿児島湾、浦賀沖に現れたアメリカの商船モリソン号に対して、薩摩藩および浦賀奉行は砲撃を行ったのだ。異国船打ち払い令に基づく行動であり、その限りでは当然のことだったのだが、なんとこの船にはマカオで保護されていた日本人漂流漁民が乗船しており、非武装のモリソン号は彼らを日本に送り届け、通商と布教をするために日本に向かっていたことがわかったのである。

この事件の後、異国船打ち払い令に対する批判が高まり、渡辺崋山、高野長英が著書によって幕府の対外政策を批判した。

しかし当時の幕府は、これらの批判を黙認することができず、蛮社の獄を断行したのである。

黒船来航でボロ儲けできた意外な商売とは?

何らかの社会現象が原因で、特定の商品やサービスの需要が高まる現象を「特需」というが、幕末有数の特需といえば黒船来航期の武具馬具市場だった。

戦争になるかもしれない事態に幕府は、旗本や御家人のみならず、諸大名にも厳重な警戒を命じた。

老中阿部伊勢守正弘にいたっては「甲冑が揃わなければ、火事装束でもよい」とお触れを出し、資金の足りない武士にはお金を貸して準備をさせたほどだ。そのため武具や馬具、具足などが飛ぶように売れたのだという。

すでに戦など滅多にない太平の世になっていたため、武士にとって鎧兜はお飾りと化し、甲冑は虫食いだらけになっていたことが売り上げに拍車をかけた。

江戸中の具足師や武具馬具師に注文が殺到し、近国の職人も大勢呼ばれて徹夜作業で応じた。ふだんなら10両ほどのものが70両から80両になったというから武具馬具師にとっては嬉しい悲鳴だったに違いない。

幕末の川柳に「武具馬具師、あめりか様とそっといい」というのがある。敵国であるアメリカに儲けさせてもらっている武具馬具師のさまが目に浮かぶような一句である。しかし、それも長続きせず、明治になると彼らの武具の需要はパタリとなくなり、商売そのものが消えてしまったのだった。

「尊王」と「攘夷」を最初に結びつけたのはどこの誰？

江戸時代末に盛り上がり、倒幕への大きな原動力となったのが「尊王攘《そんのうじょう》夷《い》運動《うんどう》」だ。

もともと江戸時代には天皇（朝廷）を尊ぶ尊王論という考え方があったが、それは一種の建前論であり、現実には江戸幕府が幕藩体制を強化するための方便という側面があった。

ところが幕末期になると、これに攘夷思想が結びつくことであらたに尊王攘夷運動として盛り上がることになる。

攘夷論とは外国人を排斥しようとする思想だが、それが尊王論と結びついて、「外国勢力にひるみ、その勢力に飲み込まれようとする幕府を倒し、真の意味での天皇を中心とした国家をつくろう」という思想となって、時代を動かす大きな力となるのである。

この尊王攘夷運動が高まった最大の出来事は、なんといっても1853（嘉永《かえい》6）年、アメリカからペリーが国書を携えて来日し通商を求めたことである。これ以降日本は外国勢力とどう向き合い、どんな国家をつくり上げればいいかという新しい問題と向き合うことになる。

そんな情勢のなかで、もともと別のものだった尊王論と攘夷論を結びつけて最初に思想として結実させたのは、水戸藩の藤田東湖《ふじたとうこ》である。

同年に幕府海岸防御御用掛という大役についた藤田は、新しい日本の未来像を描けるのは尊王攘夷論であると説いた。それは、外国に対して弱腰の政府に不満を持つ武士たちを駆り立てる原動力となったのである。

幕末の大弾圧「安政の大獄」は、一通の密勅からはじまった⁉

1858（安政5）年から翌年にかけて、幕府は尊王攘夷運動を抑えるために多くの実力者を処罰、処刑した。これが「安政《あんせい》の大獄《たいごく》」である。断行したのは大老井伊《いい》直弼《なおすけ》だ。

井伊は「日米修好通商条約《にちべいしゅうこうつうしょうじょうやく》」を強引に締結し、さらに将軍徳川家定《いえさだ》の後継者問題に関しても独断で紀州徳川家の徳川家茂《いえもち》に決定するなど、専制的な政治を推し進めた。当然反発は強かったが、それを抑えこむための厳しい処罰を行ったのだ。

吉田松陰《よしだしょういん》、橋本左内《はしもとさない》ら8人が死刑になり、水戸藩主徳川斉昭は謹慎となるなど、その処罰対象者は100人にものぼった。

じつは、安政の大獄を引き起こしたのは一通の密勅だった。

井伊直弼が朝廷に何の断りもなく独断で日米修好通商条約に調印したことに激怒した孝明天皇は、水戸藩に対して勅書を出した。

だが、これは本来ならば当然踏むべき関白の裁可という手続きなしに送られたものだったのだ。

その内容は、御三家や諸大名は幕府と協力して公武合体を進めるようにというものだった。

しかし、幕府とは無関係に出された密勅だったために、幕府はそれが水戸藩が外様大名たちと手を結び、朝廷の力を利用して幕府を倒すための計画を行っていると考えた。

そこで幕府は勅書を返納させ、将軍後継者問題で一橋慶喜《ひとつばしよしのぶ》側についた者たちを弾圧するという行動に出たのである。

一通の密勅から始まった弾圧だけに、水戸藩で勅書を受け取った家老の安島帯刀《あじまたてわき》や茅野《ちの》伊予之介《いよのすけ》などの役人も死罪となっている。

この一連の弾圧を断行した井伊直弼は、のちに「桜田門外の変」で非業の死を遂げる。また、井伊の死後、彼の所業が専断的だったとされ、井伊家は石高の削減の罰を受け、弾圧を実行した現場の役人たちも処罰を受けることになった。

「桜田門外の変」の襲撃者たちは、なぜ〝その日〟を決行日に選んだ？

1860（万延元）年3月3日、徳川幕府の終焉を予感させる大きな暗殺事件が起こる。大老井伊直弼が護衛の彦根藩士8人とともに桜田門外で殺害されたのだ。

安政の大獄により尊王攘夷派を厳しく弾圧した井伊直弼に対する反感から起こった「桜《さくら》田門外《だもんがい》の変《へん》」だが、とくに厳しい処分を受けた水戸藩の尊王攘夷派の志士たち17名と薩摩藩士1名がこの日、江戸城の桜田門で井伊直弼の一行を待ち伏せして暗殺に至ったのである。

暗殺の決行日としてこの日が選ばれたのには理由があった。日付を見ればわかるようにこの日は桃の節句である。

現在と異なり雛祭りの日は「式日《しきじつ》」と呼ばれる祝日であり、在府の大名は全員江戸城を訪れて将軍家にお祝いを述べるのが決まりとなっていた。つまり、この日の江戸城は大名たちの登城行列があとを断たないのだ。

さらには、田舎から出てきた武士たちがそれらの行列を見物するために、「武鑑《ぶかん》」という大名や旗本の紋所を紹介した一種の解説書のようなものを持って集まってくる。

つまり、その日の江戸城は大名行列と物見高い見物客とでごった返している。そんな状況を見越したうえで選ばれた日だったのだ。

さらに、浪士たちにとって思いがけない偶然があった。この季節には珍しい大雪が降ったのである。雛祭りに降る大雪は当時でも「前代未聞」といわれたが、結果的にこの天候は浪士たちに味方することになる。

なぜなら、井伊直弼の警護にあたっている武士たちは、刀や槍を雪から守るために覆いをかぶせていたのだ。そのために、浪士たちの襲撃にあってもすぐに刀や槍を出すことができず、応戦が遅れてしまったのである。

もしもこの日を決行日に選んでいなければ、井伊直弼の暗殺は失敗したかもしれない。そうなれば幕末の歴史は大きく変わっていただろう。

「生麦事件」が起きた背景にあるものとは？

日米和親条約が締結されて日本が開国すると、当然のことながら多くの外国人が居住するようになった。そうなると日本人と外国人との間でトラブルも増えるようになった。攘夷の嵐が吹き荒れていた時期でもあり、何件かの外国人殺傷事件も起こっている。

なかでも、1862（文久2）年に相州生麦村（現在の横浜市鶴見区）で起こった「生《なま》麦《むぎ》事《じ》件《けん》」は、4人のイギリス人が殺傷された大事件だ。

きっかけは些細なことだった。

薩摩の島津久光が江戸から帰国するためにちょうどこの地をさしかかったときのことだ。その行列の前を商人リチャードソンら4人のイギリス人が馬に乗ったままで横切ったのである。

大名行列が通れば庶民は道の端に下がって平伏すのが当然という時代、その行動は一行の怒りを買った。

行列の先頭の者が「馬から下りて、わきへ寄れ！」と叫んだが、4人のイギリス人には日本語が通じなかった。それどころか、日本に来たばかりの彼らは前任地の中国では鞭をふるえば中国人は逃げ惑っていたから、日本人も同じようなものだろうと考えていたともいわれる。

いずれにしても、島津久光の一行にしてみれば、侮辱的な行為を受けたわけで激怒するのは当然である。

さらに、4人のイギリス人にとってもうひとつ不幸な事件が重なった。じつはこの4人の前に、米国領事館の書記官が同じように行列に出会った。ただし、彼はすぐに馬から下りて脱帽し、膝をついて一行を見送ったのだ。

礼儀にかなったその姿を見ていた直後だけに、4人のイギリス人の横柄な態度はことさら非礼で侮辱的なものとして受け取られた。

すぐに島津久光の家来たちが4人に斬りつけた。リチャードソンはほとんど即死、ふたりが重傷を負うという悲惨な結果となった。

そしてこの事件は、それだけでは終わらなかった。さらに大きな出来事を引き起こすきっかけともなったのである。それが「薩英戦争《さつえいせんそう》」だ。

「薩英戦争」は、薩摩とイギリスにどんな影響を与えた?

1863(文久3)年、英国と薩摩との間で「薩英戦争」が勃発する。薩摩藩のひとつが英国と真っ向から砲撃戦を行ったこの戦いは、7月2日に始まり、翌日にはイギリス艦隊が撤収するが、イギリス側に60人もの死傷者が出た一方、薩摩側も砲台が壊滅的な損害を受ける激しいものだった。

この戦争のきっかけとなったのが、前項でも触れた生麦事件だった。島津久光の行列を横切ったイギリス人が殺傷されたこの事件のあと、神奈川奉行はイギリス側の立場を考え、島津久光側にイギリス人殺害犯を処罰するように要求する。ところが薩摩側は「殺したのは自分たちではないし、どこの誰とも知らぬ浪人ものだった」とか「足軽が勝手に殺し、その後行方をくらました」などと言い逃れを繰り返したのである。

イギリスと薩摩の間にはさまれる形となった幕府は、結局、イギリス代理公使の要求に応じて、謝罪と多額の賠償金を支払うことになる。

ところが、それでは納得しない代理公使は、さらに薩摩と直接交渉をして謝罪を受けようと、軍艦7隻を従えて鹿児島湾へと赴く。そして薩摩側に犯人処罰と遺族への賠償金の支払いを要求するが、薩摩はこれを拒絶した。

これに怒ったイギリス側は、薩摩の汽船3隻を拿捕するという行動に出る。それが直接の契機となり、両者の間に砲撃戦が開始されるのである。

皮肉なことに、この薩英戦争を通して薩摩はイギリスの武力の恐ろしさを知り、小手先の攘夷運動で外国を退けようとするのは間違いだと認識する。

そして、外国に劣らない武力を整えることの必要性を悟り、藩の進む方向が大きく転換することになるのだ。

一方のイギリスもまた薩摩の力を十分に思い知り、幕府よりもむしろ強力な藩が連合政権をつくるほうが日本の将来のためではないかと考えるようになり、幕府よりも薩摩などの雄藩に接近するようになるのだ。

そういう意味でこの薩英戦争は、幕府と藩の力関係を大きく変えるきっかけとなったのである。

新選組の結成のキーパーソン、清河八郎って何者？

幕末を語るうえで欠かせない新選組は、数々の劇的な行動で知られた存在だ。もともとは京の警護のために京都守護職の下に置かれたものだが、さまざまな歴史的事件と関わったことでも知られている。

新選組誕生の直接のきっかけは、もともと幕府が浪士による武力集団を組織しようとしたことに始まる。これを主導したのは清河八郎《きよかわはちろう》という浪士だった。

１８６３（文久３）年２月、清河八郎と結成されたばかりの浪士隊２３４人は京都に向けて江戸を発つ。目的は、上洛する14代将軍徳川家茂を警固するため、前もって京都に赴くことだった。

ところが、思いがけないことが起こる。京都到着の直後、清河八郎が「この集団の本当の目的は尊王攘夷にある」と言い出したのだ。じつは尊王攘夷派で討幕派だった清河は、幕府に浪士募集の提案をしたときからこの計略実現のために動いていたのである。

しかし一行のなかにいた近藤勇《こんどういさみ》や、芹沢鴨《せりざわかも》、土方歳三《ひじかたとしぞう》らは、この清河の裏切りが許せなかった。彼らは、朝廷の命を受けたとして江戸に帰り攘夷行動を起こそうとする清河につき従うことなく、あくまでも幕府に仕える者として京都に残る決意をする。

このとき京都に残留することを決めた13人を引き受けたのが、京都守護職松平容保《かたもり》だった。彼らは会津藩預かりという形で京都の警護を担当することになる。このときの本拠地が壬生《みぶ》だったことから「壬生浪士隊」と呼ばれるようになり、それが後の新選組となるのだ。

新たなメンバーも加えて24人で組織された壬生浪士隊には、あの有名な「だんだら羽織」が制服として配られた。また「誠」の文字が染め抜かれた有名な旗もこの時期につくられている。

いってみれば新選組は、ひとりの討幕派浪士の計略と裏切りがきっかけで生まれたものなのである。

多くの人材を輩出した松下村塾の毎月の授業料は？

幕末から明治にかけて歴史の表舞台に立った人物は多いが、急進的な尊王攘夷論を掲げていた吉田松陰の影響を受けた者も少なくない。

長州藩出身の松陰は、1857(安政4)年に松下村塾《しょうかそんじゅく》を開いた。その翌年の「安政の大獄」で処刑されたため、塾で教えていた期間は実質的には1年ほどだが、ここから高杉晋作《たかすぎしんさく》や伊藤博文《いとうひろぶみ》、山縣有朋《やまがたありとも》、桂小五郎《かつらこごろう》など、そうそうたる人材を輩出しているのだ。

ところで、これだけのメンバーがそろっていればさぞかし月謝も高かったのかと思うと、まったく逆だった。松陰は授業料を一銭も受け取っていなかったのである。

入門のときに簡単な手土産を持ってくる程度で、あとは米や食費を持参すれば、誰でも寄宿生になることができた。弁当を忘れた塾生には食事まで出たという。

授業も独特で、決まった教科書などなく、それぞれに見合った書物を与えた。また、ときには畑仕事をしたり、剣術の稽古をすることもあった。

さらに、藩校では武士の子弟しか学べないが、松下村塾では身分の低い者から町人まで、いろいろな身分の塾生が入り交じって学んだ。「身分の差」という壁も取り払って教えていたのである。

ちなみに、当時の江戸の寺子屋で学ぶには、一般的に入門料や月謝が必要だった。値段は教える師匠によってまちまちだったが、だいたい200~300文程度は支払っていたらしい。それを考えると、タダで松陰に学べる松下村塾は驚くべき存在だった。

幕末の志士たちが活動資金を集めた2つの方法とは？

討幕の動きがあわただしくなってきた幕末の日本では、多くの志士たちが活躍していた。世の中に大きな変化が訪れ、それぞれが信じる道へと突き進んでいたわけだが、現実問題として活動資金の調達は大きな課題だったと思われる。

彼らが収入を得る方法は、具体的に2通りあった。

まず、ひとつは自分で稼ぐという方法である。その代表は坂本龍馬《さかもとりょうま》で、亀山社中《かめやましゃちゅう》という商社をつくり、のちに海援隊《かいえんたい》を組織している。また、「安政の大獄」で処刑された梅田雲浜も貿易業を営みながら活動資金を稼いでいたことで知られている。

では、自分で稼げない者の収入源はいったい何だったのかといえば、それは各藩の機密費だった。

この時代は、どこの藩でもいざというときのためのカネが少なからず用意されていた。いわゆる機密費である。長州、薩摩、土佐などの藩はこうしたカネを勤皇の志士たちに渡し、活動資金に充てさせたのである。

そこには、こんな裏事情がある。

この時代、一部の浪士のなかには商店を襲ったり、辻斬りをする者が現れた。その目的はカネである。というのも、勤皇の志士となった者の6割はもともと武士だった。

武士の給料は藩から出ているので、脱藩した時点で収入が断たれてしまう。それゆえ、カネに困って犯罪に走る浪士が急増した。そこで、こうした事態を防ぐためにも討幕派の藩が彼らに機密費を回していたのである。

記録によれば、幕末期に京都にいた薩摩藩出身の勤皇の志士は2000名にものぼった。これほどまでに数が膨れ上がったのは、薩摩藩の資金援助があったからにほかならないだろう。

バラマキともいえる討幕藩の資金援助は、結果として日本という国をその先のステージへと押し上げる原動力となったのである。

近藤勇、土方歳三、沖田総司…「新選組」隊士の破格の給料とは？

日本に大きな歴史のうねりが訪れようとしていた江戸時代末期、討幕派浪士の取締りを目的に組織された治安部隊といえば前述した「新選組」である。

会津藩の京都守護・松平容保《かたもり》のもと、ときには過激な武力でもって幕末の動乱を戦い抜いた。彼らは現代でいうところの警察組織、つまり警察官のようなものだったが、その給料はいったいどのくらいだったか想像がつくだろうか。

新選組の給料は月給制で、会津藩から支給されていた。常に命の危険と隣りあわせだった彼らには、破格の報酬が支払われていたようだ。

具体的な金額をいうと、局長の近藤勇《こんどういさみ》で50両、副長の土方歳三《ひじかたとしぞう》で40両、沖田総司《おきたそうじ》で20両、ヒラでも10両である。1両の価値は年代によってかなり違いがあるが、江戸時代中～後期で3万～5万円だったことを考えると、ヒラ隊士でも30万～50万円、沖田総司で60万～100万円、土方歳三になると120万～200万円と優に3ケタを超え、近藤勇にいたっては150万～250万円にもなる。

それに加えて、討幕派を捕まえるなどの手柄を立てればボーナスも出たというから、これらを総合して考えると、かなりの高給取りだったことがわかる。

ちなみに、新選組の象徴でありユニフォームでもあった浅葱《あさぎ》色の羽織だが、こちらは一説によれば一着20万円だといわれている。強い使命を背負った新選組には、大きな予算が割かれていたというわけだ。

「八月十八日の政変」「池田屋事件」「禁門の変」の因果関係は？

京都御所に「禁門」と呼ばれる門がある。「禁裏の御門」を略した呼び方だが、別名「蛤《はまぐり》御門《ごもん》」ともいわれた。１７８８（天明８）年の天明の大火の際に、それまで閉じられていた門が初めて開かれたが、それを焼けて口を開く蛤にたとえられたのである。

その禁門のあたりで１８６４（元治元）年８月、激しい戦いが起こる。長州藩が引き起こした「禁門の変」である。

尊王攘夷を掲げる長州藩は朝廷を中心に政治状況を動かそうと京都で活動していた。しかし１８６３（文久３）年、会津藩と薩摩藩による八月十八日の政変を契機に京都を追放されてしまった。なんとかして京都で勢力を盛り返そうと考えた長州藩は、孝明天皇奪還のために京都を攻める計画をひそかに進めるのだ。

ところが、その計画は事前に発覚、１８６４（元治元）年６月５日、長州藩の原動力だった有力者たちの多くが京都の池田屋で新選組により襲撃され、長州藩が計画していた京都攻めは未然に食い止められてしまったのである。これが有名な「池田屋事件」だ。

これにより長州藩の動きは押さえ込まれたが、この事件をきっかけにして、長州藩の尊王攘夷派たちのなかでもとりわけ過激派として知られる一派は、もはや強引に攻めるしかないと考えたのである。

そうして同年8月20日、ついに長州藩内の一部が挙兵し、京都御所の禁門において会津藩兵と衝突した。

当初は長州藩側の勢いが勝っていたが、会津藩に薩摩藩の援軍がつくと形勢は逆転し、ついに長州軍は敗退してしまう。

これにより京都守護職の松平容保は長州藩への警戒をいっそう強め、尊王攘夷運動の中心にいた長州藩はいよいよ幕府との対立関係を深めていくことになるのである。

英、仏、蘭、米は、なぜ下関を砲撃した？

１８６４（文久４）年８月５日の夕方、馬関《ばかん》（現在の下関）の沖からイギリス、フランス、オランダ、アメリカからなる連合艦隊が、馬関および彦島にあった長州藩の砲台を砲撃し、さらに各国の兵隊がこれを占拠した。これが「四国艦隊下関砲撃事件《しこくかんたいしものせきほうげきじけん》」である。

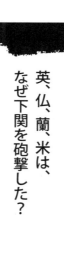

この四国艦隊はイギリスの呼びかけに応じて編成されたもので、全17隻、兵数約5000人という大規模なものだった。

上陸した兵士たちによって8日までにはすべての砲台が破壊され、弾薬などは海中に捨てられた。長州藩から派遣された高杉晋作の尽力により14日になり停戦協定が結ばれて、ようやくこの事件は決着する。

それにしても、なぜ欧米列強の4カ国が手を組んでひとつの藩を砲撃するような事態になったのだろうか。そのきっかけをつくったのは、じつは長州藩のほうだった。

徹底した攘夷政策をとっていた長州は、1863(文久3)年、馬関海峡(現在の関門海峡)封鎖という過激な行動に出た。しかも、航海中の米仏の商船に対して砲撃を加えたのだ。

最初は5月10日、アメリカ商船ペムブローク号だった。この船に対して砲台と軍艦から大砲が撃ち込まれ、同船は急いで退避するしかなかった。

同月23日にはフランスの通報艦キンシャン号、26日にはオランダ軍艦メデューサ号が続けざまに砲撃を受けた。アメリカ軍艦による報復もあったが、しかし長州はこの砲撃をやめる気配もなく、破壊された砲台を修復して海峡封鎖を続けたのである。

馬関海峡が封鎖されて使えないことは、各国にとって大きな経済的被害をもたらした。

なおかつ、長州藩の過激な行動も見過ごすことはできない。

そこでイギリスによる呼びかけで四国連合艦隊が編成され、下関の砲撃という事態になったのである。

どうして幕府は長州征伐に乗り出した？

徳川幕府の力が弱体化する大きなきっかけとなったのが、２度にわたる「長州征伐」である。１８６４（文久４）年に第一次、翌年に第二次が行われた。第二次のほうは幕府軍が長州藩を四方向から攻め込んだことから、「四境戦争《しきょうせんそう》」とも呼ばれている。

尊王攘夷運動の中心的な役割を果たし、過激な攘夷行動を繰り返すことで幕府を揺さぶってきた長州藩が、ついに幕府と直接戦うことになったのには理由がある。

幕府にしてみれば、その時期、討幕への過激な動きを見せる長州藩の力を何とかして封じたいと考えていた。そこに、ひとつの事件が起こる。前述した「禁門の変」である。

このとき長州藩は会津藩と薩摩藩の守りに阻まれて敗退するしかなかったが、そのとき長州藩が放った銃弾が御所の門に傷をつけた。これにより朝廷は「長州藩は朝敵である」

として、幕府に討伐を命じた。これが長州征伐のきっかけとなったのである。

長州藩は禁門の変で敗れたうえに四国艦隊砲撃事件で打撃を受けた直後だったために、尊王攘夷運動の急進派に代わって保守派が政権を握っていた。そして禁門の変の責任者の処刑などを行ったので、幕府はそれで目的を果たしたとした。これが第一次長州征伐である。

ところが、1865（慶応元）年になると、高杉晋作が下関で挙兵したのをきっかけに長州藩討幕派が実権を握る。

高杉晋作は西洋式軍制を参考にした奇兵隊などの軍隊を整え、新式の兵器を装備するなどの軍事改革を行っていた。

これを見た幕府が再び長州に迫ったのが第二次長州征伐である。この戦いでは長州に四方から攻め込んだ幕府軍に対して激しい抵抗を見せる。その結果、旧態依然とした幕府がほとんど無力であることをさらけ出すことになるのだ。

幕府軍のこの敗北により長州藩は再び息を吹き返し、幕府滅亡への秒読みが始まったのである。

薩長同盟のとき、坂本龍馬は どんな役割を果たした？

薩摩藩と長州藩は、幕末の政治状況に大きな影響力のあった藩である。この両者が1866（慶応2）年1月21日に結んだ政治的、軍事的同盟が「薩長同盟《さっちょうどうめい》」だ。その後、両者の結びつきは幕末の日本を大きく揺り動かしていくことになる。

これほど大きな同盟だから、その締結は世間の注目を大いに集めたように思われがちだが、じつは違う。正式な文書があるわけではなく、ほとんど「密約」といっていいほどのものだったのだ。そもそも薩長同盟が実現したきっかけは何だったのか。

ともに討幕への意志が強かったにもかかわらず、薩摩藩は八月十八日の政変や禁門の変で長州の勢力を京都から追い払っていた。それがもとで敵対関係にあった両者をひとつに結びつけたのは、土佐の坂本龍馬だったのだ。

薩摩藩と長州藩の話し合いは、じつは1月8日に上洛した桂《かつら》小《こ》五郎《ごろう》が薩摩藩邸に到着したときから始まっていた。ところが、話し合いはいっこうに進まず、盟約締結には至らなかった。

その状態が一気に進展したのは、20日に京都入りした坂本龍馬が話し合いに参加したからだ。桂小五郎が坂本龍馬に文書の裏面への署名を求め、龍馬がこれに応じたのである。これにより薩長の間で交わされた密約が、龍馬という第三者によって裏づけられたことになったわけだ。

密約の内容は、幕府との間で開戦になった場合には薩摩藩は2000の兵を差し向けて京坂両所を固める、もしも戦いが長州藩有利となれば薩摩藩は朝廷に働きかける、長州藩の旗色が悪くなれば薩摩藩は手を尽くす、などとなっており、さらに、開戦にならずに幕府が撤兵した場合には薩摩藩が朝廷に奏上して長州藩の罪が解かれるように尽力することも記されている。

この密約は一般の藩士には知らされなかった。しかし、両者が密かに手を結んだことで、幕末日本の針路は決定的なものとなっていくのである。

大政奉還に踏み切った徳川慶喜の胸の内は？

第15代将軍徳川慶喜《よしのぶ》が政権を朝廷に返上した「大政奉還《たいせいほうかん》」が行われたのは、1867

（慶応3）年10月14日のことである。これにより265年間にわたる徳川政権の幕が下りた。

慶喜が大政奉還を進めた背景には討幕派の動きがあった。公武合体派《こうぶがったい》の孝明《こうめい》天皇が死去して明治天皇が即位すると、朝廷内では岩倉具視《いわくらともみ》が中心となって討幕派が動きを活発化させ、ついに天皇による「討幕の密勅」が下されたのである。

もはや幕藩体制の限界にきたと悟った慶喜は、討幕派によってとどめを刺される前に先手を打って大政奉還することで討幕の大義名分を失わせようと考えた。つまり、自分の手で幕を引くことで、討幕派から主導権を奪い返そうとしたというわけだ。

どういうことかというと、当時、全国の領地と領民を支配していたのは各地の大名で、その大名を統括していたのが徳川幕府だ。領地を掌握できなければ実質的に政権を握ることはできない。

ところが、大政奉還の書状の中では領地についてはあいまいなままになっており、各地の領地領民の支配は依然として徳川に任せるしかないようになっていたのだ。この点において、慶喜はなかなかの策士だったといえる。

ただ、慶喜にとって状況は不利だった。公武合体に同意し、討幕には反対の姿勢を貫いていた孝明天皇が1866（慶応2）年に亡くなり、明治天皇の下では反徳川勢力が勢いを増していたのである。これが、「王政復古の大号令」（クーデター）へとつながっていく。

ところで、この大政奉還の実現に向けて尽力したのが坂本龍馬だった。

大政奉還の建白書は、長崎から京都に向かう船の中で坂本龍馬が後藤象二郎に示した新しい国家体制づくりの要綱に基づいている。船の中で渡されたことにちなんで「船中八策」と呼ばれるこの要綱の第1条には、政権を朝廷に奉還して中央政府とすることが示されている。

さらに、議会の設置や人材登用、外国との国交、憲法制定、軍隊の充実など、政治に関する柱となる考え方が細かく述べられているのだ。

これだけの具体的な方針が存在したからこそ大政奉還が実現したわけであり、大政奉還は坂本龍馬の政治観を実現したものだとさえいわれる所以はここにある。

なお、この「船中八策」の内容の多くは、後に明治政府が打ち出した「五箇条《ごかじょう》の御誓《ごせい》文《もん》」にそのまま反映されている。

6 明治時代

新政府軍と旧幕府軍の間で戦争が起きた理由は？

王政復古《おうせいふっこ》の大号令《だいごうれい》により樹立が宣言された明治新政府が旧幕府側と戦い、ついに一掃した戦いが、1868（慶応4／明治元）年に起こった「戊辰戦争」である。

そのきっかけとなったのは、江戸にある薩摩藩邸の焼き討ちだった。

王政復古の大号令により将軍職が廃止され、徳川慶喜には官職辞職と領地返上が求められた。しかし土佐藩山内容堂《やまうちようどう》らの画策により、それが有名無実化していく。その状況のなかで動き出したのが西郷隆盛だったのである。

当時の江戸は王政復古の大号令以降、治安が乱れ、町中に強盗や辻斬りが横行していた。じつは、その多くは西郷隆盛の指示によるものだったといわれる。

西郷は、幕府を挑発することで薩摩藩に報復させて幕府を崩壊させるための大義名分を得ようとしていたのだ。

西郷の思惑通り、幕府は会津、桑名、庄内藩などの兵を集めて薩摩藩邸を焼き討ちにする。さらに、大坂城内の幕府兵と佐幕派《さばくは》諸藩兵は、薩摩藩討伐を目指して京都へ進軍した。これが、戊辰戦争最初の戦いである「鳥羽伏見《とばふしみ》の戦い」へと拡大するのである。

戦いはその後、越後平野で新政府軍と奥羽越列藩同盟《おううえつれっぱんどうめい》軍とが戦った「北越戦争」を経て、前将軍の徳川慶喜が勝海舟と西郷隆盛との会談の末に江戸城を無条件に明け渡した「江戸城無血開城」、新政府軍が関東を制圧して徳川家を駿河に移した「上野戦争」、京都守護職だった会津藩主松平容保が追討された「会津戦争」と、広範囲にわたって展開していく。

10月26日には榎本武揚《えのもとたけあき》らが函館五《ご》稜郭《りょうかく》を占拠、共和国として独立を宣言して新政府軍と戦った「箱館戦争」が起こる。

しかし、多数の戦死者を出し榎本らが降伏して箱館戦争は終結、戊辰戦争と呼ばれる一連の戦いもようやく終わるのである。

「版籍奉還」のネライを簡単に説明すると？

徳川幕府が崩壊したからといって、すぐに新しい政府が成立したわけではない。戊辰戦争に勝利した後、新政府が着手したのが「版籍奉還《はんせきほうかん》」だ。それまでの長きにわたり、大名が支配していた領地（版）と領民（籍）を天皇の下に返納するという手続きである。

明治新政府は天皇を中心とする新たな中央集権国家を目指したが、大名が領地を支配したままでは国家の頂点に立つ者が変わったというだけで、人々には新しい統一国家ができたという意識は薄い。

もともと庶民には、自分は「日本という国の国民」という考えなどなく、「○○藩の土地の者」あるいは「○○様お抱えの領民」という気持ちのほうが強かった。ましてや、庶民にとって天皇は将軍よりもはるかに遠い存在である。

そこで明治新政府は、日本が天皇を中心としたひとつの国家であるということを改めて明らかにする必要があった。

そこで、諸藩に先駆けて薩摩《さつま》、長州《ちょうしゅう》、土佐《とさ》、肥前《ひぜん》の4藩が版籍奉還を願い出る。これが1869（明治2）年1月のことである。

所領を返納することにためらいがあった諸藩も、新政府の中心的存在である薩長土肥《さっちょうどひ》が版籍奉還を申し出たからには、あとに続かないわけにはいかなかった。

こうして明治新政府は全国の土地と人民を天皇のもとに掌握することに成功したのである。やがて、この版籍奉還は藩そのものの存在を廃止する廃藩置県へとつながっていくことになる。

明治新政府が「富国強兵」に力を入れた目的は？

明治初期には西欧の文化を積極的に取り入れようとする風潮が高まっていた。こうした文明開化の方針とともに、政府がスローガンのひとつに挙げていたのが「富国強兵《ふこくきょうへい》」である。

富国強兵とは文字どおり、国を富ませ兵力を強化することだ。この言葉は開国派の志士たちの間では幕末から語られてはいたが、明治になって政府の重要な方針となったのである。

なぜ、明治政府は富国強兵に力を入れたのだろうかというと、その背景には、幕末に欧米の列強と取り結んだ通商条約があった。この条約は「日本には関税自主権がない」「諸外国の治外法権を認める」など、日本にとって不利な項目ばかりが並んでいた。

そこで日本は日米通商条約を皮切りに、オランダ、ロシア、イギリス、フランスと不平等な条約を結ぶことになる。

このことが明治政府の大きな反省材料になった。

豊かな国力を持ち、強力な軍備を備えていれば、武力に屈して不平等な条約を結ぶこともなかったというわけである。

とくに、１８７１（明治４）年から1年9カ月もかけて欧米諸国を視察した岩倉使節団は、これを痛感した。彼らの重要な目的のひとつには不平等条約の改正があったが、東洋の弱小国など誰も相手にはしなかったのだ。

欧米諸国は近代国家として日本のはるか先を進んでいた。明治政府にとって列強と対等な関係を保つためにも、富国強兵が欠かせない課題となったのである。

新政府は、「四民平等」によって何を目指した？

明治政府は、江戸時代の封建的な身分制度の改革にも乗り出した。それが「四民平等《しみんびょうどう》」である。

改革は１８６９（明治２）～１８７１（明治４）年にかけて段階的に行われたが、新しい身分制度では旧大名や公家は華族、武士は士族、残りの農工商はひとまとめに平民とされた。

職業の選択の自由が認められ、平民には苗字をつけることも許された。

政府が四民平等をうたった理由は、新しい社会構造をつくる必要性を感じたためである。幕末以降、欧米との接触を通してその強大さを見せつけられていた政府は、日本も近代国家に生まれ変わらなければならないと痛感していた。それには、従来の封建制度を改める必要があったのである。

とはいえ、江戸時代、最下層に位置づけられていた人々を平民とするとうたって出された「解放令」は、あくまでも四民平等の建前や外国に対する体面を保つために行われたものだった。

そのため、彼らに対する職業・結婚・居住地・教育などにおける差別はその後も長く続くことになるのである。

郵便制度を確立させた前島密ってどんな人？

日本に現在のような郵便制度が導入されたのは１８７１（明治４）年のことだ。それまでは飛脚に頼っていた手紙の配達を政府が一手に引き受けるスタイルへと変化したのである。

まず初めに開通したのは東京―大阪間、東京―京都間だったが、翌年には全国規模にまで拡大した。最初の郵便は東京―大阪間で、37時間かけて配達されたという。1873(明治6)年には料金が均一制になり、ハガキも売り出されて、近代的な郵便制度がほぼ完成した。

その後、1877(明治10)年に万国郵便連合に加盟したため国際郵便のネットワークもできた。

このような郵便制度確立のきっかけをつくったのが前島密《まえじまひそか》だ。近代国家としての整備を目指す日本は、欧米の先進的な文明や技術を積極的に学ぶため、多くの日本人を海外に送り込んでいた。前島もそのひとりで、彼が熱心に取り組んでいたのが郵便制度の研究だった。

前島が郵便制度の実施を政府に提案したのは、1869(明治2)年のこと。1870(明治3)年から翌年にかけてはイギリスへ渡り、制度の調査も行った。その後、飛脚にかわる近代的な郵便事業を開始したのである。

とりわけ力を注いだのは、国際郵便制度の確立だった。1876(明治9)年にはアメリカと条約を交わして国際的な郵便網に加わる端緒をひらき、翌年には万国郵便連合に加入を果たした。国際的な通信網に参加することで、日本の地位向上も目指したのである。

明治新政府は、どんな〝教育方針〟で学校をつくった？

現在の学校制度は戦後につくられたものだが、日本の学校教育の基礎が築かれたのは明治時代である。

政府は、1872（明治5）年に教育に関する最初の法令である「学制」を発布。これにより全国におよそ2万の小学校が設立された。

学制はフランス式の教育制度を参考にしており、小学校のほか中学校や大学の設立も予定された。もっとも財政面での問題などもあり、中学校と大学はあまり普及しなかった。

江戸時代から庶民の間でも寺子屋に子供を通わせて、読み・書き・そろばんなどを習わせることは行われていたが、小学校には寺子屋と決定的な違いがあった。誰もが必ず小学校へ行かなければならないという義務が国民に課せられたのだ。すなわち、義務教育の始まりである。

明治政府が新しい教育制度の整備を急いだのにはわけがあった。それは、日本の近代化のためには国民の知的向上をうながす必要があると感じていたからである。

ただ、全国民がもろ手を上げてこの義務教育制度に賛成したわけではない。財政事情の苦しい政府は、授業料や学校建設費を国民自ら賄うよう求めたのだ。

これは庶民にとって大きな負担だった。農家では貴重な働き手である子供を学校にとられてしまうことに反対する親もいた。

それでも、学校の制度がほぼ整った１８８６（明治19）年ごろには、就学率が男子で60パーセント、女子で30パーセントにまで上昇している。

どうして最初の鉄道開通は、新橋―横浜間だった？

明治に入ると、さまざまな分野で近代化が推し進められた。交通手段も目覚ましい発展を遂げ、１８７２（明治５）年には新橋―横浜間に日本初の鉄道が開通している。前年から品川―横浜間で試験的に運転が開始されていたが、正式な開通はこの年になる。列車は１日に９往復し、所要時間は約50分だった。

陸上の移動手段といえば、徒歩、駕籠《かご》、馬しかなかった当時、もくもくと煙を吐き出しながら蒸気の力で走る鉄道に人々は目を丸くした。鉄道は「陸蒸気《おかじょうき》」と呼ばれ、文明開化のシンボルのひとつとなったのである。

鉄道開設の背景には、もちろん交通手段の近代化があったが、そのスローガンは「殖産興業」だった。殖産興業とは、産業を発展させ、生産物を増やすという意味で、政府は富国強兵を財政面で支える政策としてこれを重要な柱としていたのである。

実際、産業の近代化において中心的な役割を果たしていた工部省では、鉄道事業はかなり重視されており、1870（明治3）年から十数年の間、予算の半分近くがこれに当てられていたという。それでも、当時の政府には全額を自己負担するだけの財力はなく、イギリスから資金を借り入れている。

鉄道敷設については、幕末にも海外からの申し入れがあり、江戸―横浜間と大阪―神戸間のふたつの候補があった。このとき、幕府はアメリカに江戸―横浜間の鉄道計画を認可している。

しかし、明治政府は自分たちが認可したのではないとこの約束を取り消し、イギリス人公使パークスの助言に従って政府自らが着手することを決定したのだ。

ちなみに、なぜ新橋―横浜間だったのかという点については、外国人居留地に近く、輸送の主流だった水運との接続に便利だったからという説がある。

西洋式の軍隊のモデルになった ふたつの国とは？

かつて、戦を行うのは武士の役目だった。足軽などの雑兵《ぞうひょう》には、農民や武家の奉公人など武士の身分ではない者もいたとはいえ、それでも武力の中心を担っていたのは武士たちだ。

むろん、戦の動向は庶民にも影響を与えたが、戦の最中でも大半の農民は田畑を耕し、商人は商いを続け、兵士となることはなかった。これを一変させたのが「徴兵令《ちょうへいれい》」だ。

１８７３（明治６）年、政府は正式に「徴兵令」を公布した。すべての国民は税金を納めるのと同じように、兵役につく義務があるとされたのである。

徴兵検査にパスした20歳以上の男子には、３年間の兵役義務が課せられた。また、兵役を終えたあとも４年間は後備軍として待機することが命じられている。

徴兵令もまた、富国強兵政策の一環だ。幕末から明治にかけて欧米列強の脅威にさらされたことで、彼らに対抗するためには全国民が一丸となった軍隊を組織しなければならないと考えたのである。

武士だけに頼らない近代的な軍隊をつくることを早くから提唱していたのは、大村益次《おおむらますじ》郎《ろう》だ。しかし、大村はこの主張に反対する不平士族に襲われ、命を落としてしまう。とはいえ、大村の意志は受け継がれ、山縣有朋《やまがたありとも》が西洋式軍隊を構想していくことになる。海軍はイギリスを、陸軍はフランスを見習って組織されたのだ。

この徴兵制には国民の反対も大きかった。とくに働き盛りの若者を奪われてしまうことは、農民にとっては痛手となった。そのため、徴兵制に反対する一揆も起こっている。

ちなみに、徴兵制は身分にかかわりなく適用されるものだが、当初は除外される者もいた。官吏、戸主、一家の跡継ぎ、代人料２７０円を払った者などだ。

そのため、早く一家を構えたり、養子にいって跡取りになったりと、兵役を免れようとする者が増加したため、のちに政府はこの特権を改めている。

「地租改正」を簡単に説明すると？

日本の近代化のために膨大な予算が必要だった明治政府は税制の一新に着手することを決める。

まず、それまで禁止されていた農地の売買を解禁し、土地の私有を認める地券を発行した。そして、1873（明治6）年には新たな税制である「地租改正《ちそかいせい》」を公布する。これにより、地租は地価の3パーセントとすること、豊作・凶作に関わらずこの税率は変わらないこと、税金は現金で納めることなどが定められた。

地租改正公布の直接のきっかけは、政府の資金難だ。それまでの租税のほとんどは米による物納で、税率は地域によって異なっていた。

しかも、米の相場は変動が激しく、一揆などにより未納になってしまうこともある。これでは安定した財源確保はままならない。

とはいえ、外国との貿易は不利な通商条約が邪魔をして高い関税がかけられず、まだ自国の産業も発達していないこの時期、やはり年貢米の収入に頼るよりほかはなかった。

そこで考案されたのが地租改正だったというわけだ。そのため、税金の基盤となる地価は政府に都合のいい価格に定められた。

地租改正によって土地の私有が認められたとはいえ、大多数の農民たちは小作農となって地主に米を物納するという生活が続いていた。改革で年貢が楽になることを期待していたのだが、重い税負担は変わらなかったため、各地で地租改正反対の一揆も起こったのである。

征韓論をめぐる争いの核心とは？

早々と新しい時代に順応し、国家の体制づくりに奔走する人たちがいる一方で、当時、不満を募らせていたのが士族である。政府の中心人物だけで改革を断行していくのを横目に見ながら、彼らは置き去りにされたように感じていた。

こうした不平士族たちが起こした最初の大規模な反乱が、１８７４（明治７）年の「佐賀の乱」である。明治政府から下野した江藤新平をリーダーとして、江藤の故郷である佐賀の士族たちが反旗を翻したのだ。

乱の直接の契機となったのは、「征韓論《せいかんろん》」である。

当時、朝鮮を開国させ、武力進出を図るべきだと主張していたのは西郷隆盛だ。西郷は士族に同情的な立場をとっていた。「このままでは士族の不満が爆発して反乱が起きるかもしれない。そのエネルギーを外に向けさせるべきだ」というのが、西郷の意見だった。これに江藤新平や板垣退助らが賛成した。

一方、大久保利通や岩倉具視は、今は国力増強に努めることが重要で、朝鮮進出にはまだ早いと反対する。両者は真っ向から対立し、最終的には大久保らの主張が通ったのである。

征韓論派は失意のうちに政府を去ることになり、それをきっかけに士族たちが積もりに積もった鬱屈を爆発させたのが佐賀の乱だったわけである。

どうして日本は台湾への出兵を決行したのか？

明治政府初の海外派兵となったのが、1874（明治7）年に起きた「台湾出兵」である。

この年、台湾に漂着した琉球や岡山の漁民が現地の住民に殺害されるという事件が発生した。その報復として日本は出兵を決断したのである。

当時の台湾は清の属国と見なされており、日本は清に対して事件の責任を追及した。しかし、清は台湾を自らの統治外にあると突っぱね、責任を逃れようとしたのだ。

これを逆手にとった日本は、台湾を国際法上の宗主国がない国だと見なす。責任をとる宗主国がないならば、直接、報復を行えるとしたのである。

ただ、これは表向きの理由であり、その裏には膨れ上がっていた士族の不満があった。佐賀の乱を平定したとはいえ、士族たちの不平や不満は収まってはおらず、このままでは国内の反乱が頻発する恐れがあったのだ。彼らの目を海外に向けさせることで、不満のエネルギーを発散させようとしたのである。

兵は西郷隆盛の弟である西郷従道をリーダーとして薩摩の士族を中心に組織された。ところが、出兵の準備が整ったところでイギリスとアメリカが日本に協力しないことを通達してくる。欧米列強は台湾が清の支配下にあると認識していたのだ。

この事態に政府は慌てた。強硬に出兵をすれば、欧米諸国との関係もこじらせることになる。結局、政府は出兵中止を決断するが、西郷従道は先発隊を引き連れて台湾へと進軍し、戦闘状態となる。

その後、大久保利通は清との間で交渉を開始するが、両者は引くに引けない状況だった。これに決着をつけたのがイギリスだ。戦争が起これば自国の貿易にも差し支えると懸念したイギリスが調停役を買って出たのである。

協議の末、日本は賠償金を獲得したものの出兵に伴う支出には遠く及ばず、大きな〝赤字決算〟となった。

「江華島事件」を起こすことで、日本は何を狙った？

1875（明治8）年9月、朝鮮西海岸の近海で測量を行っていた日本の軍艦が江華島の近くで朝鮮から砲撃を受けるという事件が発生した。すぐさま日本側も応戦し、ついには江華島に上陸。砲台を占拠してしまった。これが「江《こう》華《か》島《とう》事《じ》件《けん》」である。

直接の引き金は朝鮮からの攻撃だが、そこには朝鮮進出を図ろうとする日本の思惑もからんでいた。

西郷隆盛や江藤新平の征韓論を退け、国力を増すことが優先だとしながらも日本は朝鮮へと進出する機会を虎視眈々とうかがっていたのだ。

砲撃を受ければ、朝鮮を攻撃する正当な理由ができる。朝鮮側を挑発するような近海での測量も、その後の展開を予測した行動だったのだろう。

この年の初めから、日本政府は朝鮮との国交交渉を行っていた。日本の台湾出兵に脅威を感じた朝鮮が交渉の席につくようになっていたのである。だが、交渉はなかなか進展せず、膠着状態が続いていた。

そこに起きたのが江華島事件だ。日本はこれをきっかけとして一気に問題を解決しようと、軍艦を伴って全権大使を派遣する。

圧倒的な軍事力を背景にして開国を迫るという手法は、幕末に列強が日本に対してとった方法と同じである。

軍艦を引き連れて行くことに疑問を呈したアメリカには、平和目的で外交を結ぶためだと回答した。実際、ペリーの報告書を参考にして日本はその後の交渉を進めていくことになるのである。

「樺太千島交換条約」で決まった日本の領土とは？

幕末から明治にかけて、日本は諸外国とさまざまな条約を締結した。たとえば、1858（安政5）年にはアメリカ・イギリス・オランダ・フランス・ロシアとの間に「安政5カ国条約」と呼ばれる通商条約が結ばれている。

これは貿易に関する条約だったが、1875年にロシアと締結した「樺太《からふと》千島《ちしま》交換《こうかん》条《じょう》約《やく》」は、両国の領土に関係するものだ。これにより、樺太はロシア領に、千島列島は日本領にと定められた。

条約締結を後押ししたのは、当時の世界情勢である。この時期、列強諸国はアジア各地を植民地にしようと積極的に動いていた。なかでも、日本にとっての最大の脅威は地理的にも近いロシアだったのである。

すでに18世紀には、ロシアは千島列島や樺太周辺にも姿を現すようになり、19世紀半ばにウラジオストックを建設すると本格的な極東支配に乗り出す。幕末には対馬が占領されるという事態も起きていた。

日露の国境をめぐっては、幕末に結ばれた日露和親条約があり、択捉島とウルップ島の間が国境に決まったが、樺太についてはその帰属を確定していなかった。

その後の話し合いで樺太は両国で共同領有することにはなったものの、ロシアの国力のほうが大きいのが現実だった。結局、ロシアに脅威を感じた日本は、樺太を渡すことで本土を死守しようとしたのである。

また、条約締結にはイギリスの助言もあった。そこには、ロシアの南下によって利権を脅かされることを危惧したイギリスの思惑もからんでいたのである。

「日朝修好条規」の締結がもたらした想定外の事態とは？

江華島事件をきっかけに、日朝の交渉が始まった。

当初、朝鮮側も抵抗を試みたが、時折、大砲を撃ち込む軍艦の威圧には抗しきれず、ついに１８７６（明治９）年には「日朝《にっちょう》修好《しゅうこう》条規《じょうき》」が両国間に締結されることになる。

この条約では、朝鮮は清の属国ではなく独立した国であること、港を開港すること、日本の治外法権を認めること、そして朝鮮に関税自主権を認めないことなどが定められた。

幕末、欧米列強との間に結ばれた不利な通商条約に頭を痛めていた日本は、逆の立場での条約締結を目指し、その結果、日本側にきわめて有利な条約となったのである。

日本との条約締結を機にアメリカ、イギリス、ドイツなども、朝鮮と条約を結んでいくことになる。

ところが、日朝修好条規は、日本にもうひとつの問題をもたらすことになった。条約が締結されたことで、不平士族たちは、開国を目的に征韓論を声高に叫ぶことができなくなったのである。そのため、士族は鬱憤を晴らす場所がなくなり、国内の反乱が増加していくことになるのである。

西郷隆盛が新政府に対して、無謀な戦いを挑んだのは？

佐賀の乱を皮切りに、各地で士族たちの反乱が起きていたが、なかでも最大規模の反乱が１８７７（明治10）年に起きた「西南戦争」である。反乱軍のリーダーは明治政府の立役者のひとりである西郷隆盛だ。

明治政府を下野して故郷の鹿児島に戻った西郷は、士族の子弟を教育する私学校を設立し、軍事教育のようなものを行っていた。その当時彼を慕う者は多く、３万人規模の学校になっていたという。

ただ、当初、西郷は政府に反旗を翻す意図はなかった。急進派が武装蜂起を主張しても、それを抑える立場を崩さなかったのだ。

——そんな西郷に〝決起〟を決意させたものは何だったのか。

戦争の直接のきっかけは、政府が鹿児島に保管してあった武器・弾薬を運び出そうとしたことにある。これを阻止しようとした私学校の生徒たちが保管庫を襲い、武器を奪い取ったのだ。

そしてもうひとつのきっかけが、政府が鹿児島に送り込んだ密偵が捕まったことである。政府が西郷暗殺を企てていたことが発覚し、士族たちの怒りは頂点に達したのだ。

さすがの西郷もここまで激憤にかられた士族を抑えることができなくなり、自らが先頭に立って蜂起することを決意したのである。政府にとって西郷はかつての同志である。だが、話し合いの余地もなく、すぐさまこれを反乱と断定した。

というのも、西郷の影響が強い鹿児島は政府の命令を無視した行動を続けており、各地の不平士族も西郷を自分たちの希望の星と見なしていたのだ。いまや西郷は新政府にとって危険分子でしかなかったのだ。

西南戦争は激戦を極め、戦いは8カ月にも及んだ。しかし、最後には政府軍が勝利を収め、士族の反乱は終息したのである。

芸妓のお雪を〝身請け〟するのにモルガン氏が支払った総額は？

経済ニュースでその名前を耳にすることも多いアメリカのJ・P・モルガンは、証券会社から不動産会社まで金融関連の多くの企業を傘下に収める一大金融グループだ。

そんなモルガングループを設立し、長年にわたりアメリカの経済を陰で支配したといわれるモルガン一族の御曹司が、明治時代に京都で売れっ子の芸奴を身請けしている。

その人物とは、モルガングループ設立者のJ・P・モルガンの甥にあたるジョージ・デニソン・モルガンだ。

世界周遊の途中で日本に立ち寄った彼は、京都の祇園でお雪というひとりの芸奴にひと目ぼれすると、彼女に熱烈なアタックをした。当初は断り続けたお雪もついに押し切られて、1905（明治38）年に2人は横浜で結婚式を挙げたという記録が残っている。

そのとき、モルガン氏がお雪に芸奴をやめさせるために支払ったという身請け料は約4万円、現在でいうと2億円とも3億円ともいわれているのだ。売れっ子だったお雪だけに、その身請け料も高かったことだろう。ところが、彼はその金額をいとも簡単に支払っている。

時代劇などでは身請け料が支払えずにかけ落ちをする若い男女の話が定番だが、さすがに大富豪はスケールが違うようである。

その後、〝モルガンお雪〟としてアメリカに渡った彼女は若くして夫と死別すると南仏に移って、昭和になってからおよそ30年ぶりに日本に戻ってくる。その後は生まれ育った京都に暮らし、キリスト教の洗礼を受けて敬虔なクリスチャンとなり、81歳の波乱に満ちた生涯を終えている。

「自由民権運動」のモチベーションはどこから来たの？

1870年代末から1880年代にかけて、「自由民権運動」が盛んになる。これは議会政治を要求した運動だ。

そもそもの発端は、1874（明治7）年に提出された「民撰《みんせん》議院《ぎいん》設立《せつりつ》の建白書《けんぱくしょ》」まで遡ることができる。これは征韓論論争に敗北して政府から下野した板垣退助や後藤象二郎、江藤新平、副島種臣《そえじまたねおみ》らが中心となってまとめあげたもので、賛否両論の的となった。

彼らの主張は、政府の専制政治を廃止し、国民が参加できる議会を設立せよというものである。表向きは欧米列強に対抗するための近代化政策の一環に見えるが、じつは自由民権運動の推進者たちは皆、明治政府内部での政権抗争に敗れた者たちだった。

明治政府の要職は薩長の一部の政治家たちで占められており、こうした政治を打破しようと、自分たちも政治に参加できる議会開設をぶち上げてリベンジを目論んだのである。

特権を剥奪され、生活にも困窮するようになっていた不平士族がこれに同調し、自由民権運動は勢いを増していくことになる。

そして、西南戦争のあとは反政府活動も様変わりする。武力に訴えるよりも、言論によって世論に火をつけるほうが有効だと彼らは気づいたのだ。そこで、次々と政治結社を設立して、民衆をも巻き込んだ運動を展開していくことになる。

国会開設をめぐる〝紆余曲折〟の真相は？

自由民権運動が盛んになるにつれ、各地に政治結社が誕生する。全国では１０００以上もの結社が存在していたともいわれる。

その先駆けとなったのは、１８７４（明治７）年に高知で板垣退助が中心となって結成された立志社だ。翌年には、立志社を核として全国の結社を集めた愛国社が設立されている。

愛国社はいったんは消滅するのだが、西南戦争後に再興されることになった。

そして、１８８０（明治13）年には大阪で代表者会議を開催し、国会期成同盟と名を改めた。すでに全国組織だった愛国社を新たな組織に衣替えしたきっかけは、平民層の民権運動が盛んになったことにある。

もともと愛国社は士族が中心の組織であり、その考え方も士族優先主義に立っていた。国民一般の生活向上を目指すというよりは、大上段に構えて天下国家を論じるというような抽象論が主流であり、国を動かすのは士族だと考えていたのである。

しかし、すでに民権運動では平民層が大きな役割を果たすようになってきていた。実際に税金の負担を身にしみて感じている豪農や商人、また彼らの代表者である県議や町村議は自分たちの声を反映する国会開設を強く望んでいたのだ。彼らは独自の建白書を次々と提出するようにもなっていた。

そこで、全員が一丸となって8万7000人もの署名を集め、政府に国会開設の要求を提出することになったのである。

政府の不正払い下げ事件がもたらした社会の大変化とは？

「国会開設」や「憲法制定」を求める自由民権運動に対して、政府はどのような対応をとっていたのだろうか。

それは、徹底的な弾圧である。言論や出版の自由は認められず、集会を開くのも制限された。政府を批判したり、政治に関わる運動は封じ込められ、それに背く者は厳重な処罰を受けたのである。

とはいえ、政府内にも国会開設を求める声がなかったわけではない。参議だった大隈重信《おおくましげのぶ》はイギリスを参考にした憲法を制定し、早期に議会政治を行うことを提案していたのだ。

当時としては先進的な主張だったのだが、君主の権限が強いドイツ式憲法を推し進めたい岩倉具視や伊藤博文は、そんな大隈案には強硬に反対した。

そして、政府は1881（明治14）年に「国会開設の勅諭」を発布して、1890（明治23）年に国会を開設することを宣言する。同時に、大隈は免官されることになった。

このように、「国会開設の勅諭」は国民運動の高まりに応えたものということができる。しかし、政府がこの勅諭を発布しなければならなくなったもうひとつのきっかけは、「開拓使官有物払い下げ事件」にあった。

それまで多額の資金をつぎ込んで開拓していた北海道の国有地を、常識では考えられないほど安い値段で政府は民間へと売却しようとしたのだ。しかも、その相手は政府とつながりの深い人物である。

これは民権派にとって格好の攻撃材料となった。このような不正払い下げを監視するためにも国会を開設する必要があると主張したのである。

こうした状況を打開し、世論を鎮めるためにも政府は国会開設を宣言するに至ったのである。

大隈重信が毎月かなりの金額をアルコールに使ったワケは？

明治時代の政治家である大隈重信は、わけあって毎月かなりの金額をアルコールに費やしていたという話が残っている。

内閣総理大臣の伊藤博文からその外交手腕を評価された大隈は、１８８８（明治21）年に外務大臣に就任すると、江戸末期に幕府が諸外国と結んだ不平等条約の改正に奮闘する。強大な軍隊を持つような大国に対しても、大隈は少しも恐れることなく話し合いに臨んだという。

しかし、そんな大隈がテロの標的となってしまう。１８８９（明治22）年、外務省の前で、大隈の乗った馬車に爆弾が投げつけられたのだ。

爆風で御者は吹き飛ばされ、大隈もどうにか一命はとりとめたものの右足切断という重傷を負ってしまった。

ところが、稀代の政治家はやることが違う。大隈はその切断した右足をアルコール漬けにして病院から自宅へ持ち返ったのだ。その保存にかかったアルコールの費用が、毎月60円とも70円ともいわれている。

3銭あればタバコがひと箱買える時代に、この値段は庶民には到底信じられない出費である。

とはいえさすがに払い続けられなかったのか、右足はその後、病院に戻されている。

時は流れて、右足が佐賀県にある大隈家の菩提寺にようやく納められたのは1998（平成10）年のことである。当時は「大隈重信の右足が里帰りすることになった」と新聞にも取り上げられて話題になっている。

ところで、右足を失ってからも大隈は政治への気力を失うことはなく、義足をつけてついには総理大臣の座にまで上り詰めているのだから、その政治家魂は見上げたものである。

大久保利通が莫大な借金を残すことになったのはどうして？

西郷隆盛、木戸孝允とともに「維新三傑」と讃えられ、明治維新の功労者のひとりである大久保利通は、それまで２５０年以上続いた江戸幕府主体の日本の政治システムを一変させるほどの政治手腕を発揮した人物だ。

ところが、そんな大久保がじつは莫大な借金を残していたことが発覚したのは、彼が暗殺者の刃に倒れたあとのことだった。

大久保を中心とした明治政府は、中央集権による新国家の建設をめざして「廃藩置県」や武士の身分の廃止などの政策を次々と行う。大がかりな政策を短期間で複数行うには潤沢な資金が必要だが、政府の財源はけっして十分なものではなかったため、大久保は個人的に借金をしてそれを政府につぎ込んでいたのである。大久保が残した多額の借金はけっして私利私欲のためではなかったのだ。

１８７８（明治11）年、大久保は明治政府に不満を持った旧士族の手によって殺されたが、彼の死後その遺産を調査したところ、わずかな現金と膨大な借金が残るだけで家も土地もすべて抵当に入っていたことが明らかになる。しかも借金の額は８０００円、今の金額に換算すると3億円近くにものぼっていたのだ。

とはいえ、大久保の遺族に借金の返済を迫る者はいなかったという。

大久保は生前、知人に「為政清明」という書を贈っている。自らの座右の銘ともいうべきこの言葉の意味は、「政治を行うためには清くなくてはならない」という意味だ。この言葉そのままに大久保は、ひたすら日本のために奔走したのである。

その後、大久保の遺族には生前大久保が鹿児島県庁に寄付した金が返還されたという。

日本からの帰国後、クラーク博士の事業が大失敗したのは？

「少年よ、大志を抱け」のフレーズで知られるクラーク博士が来日したのは、１８７６（明治9）年である。何年も日本で活動していたように思われがちだが、彼が滞在したのはわずか8カ月だ。

しかし、この短期間で札幌農学校の設立に携わり、教師として多くの学生たちに影響を与えている。彼の元からは内村鑑三《うちむらかんぞう》や新渡戸稲造《にとべいなぞう》など、彼に感化された優秀な人材が巣立っている。

ところで、このクラーク博士、自らのセリフのように大志に燃えた生き方をしている。日本から帰国した彼は、もともと在籍していたマサチューセッツ農科大学の学長に戻った。だが、赤字経営が続く大学に対して、しだいに世間の批判が強まっていく。ついに理事会でも放漫経営が問題になり、クラーク博士は学長を辞任することになる。

ところが、彼はくじけなかった。じつは、船を校舎にして世界を回りながら学生に勉強を教えるという、壮大な海上大学の計画に熱意を燃やし、日本に立ち寄ることも楽しみにしていたという。

しかし、話があまりにも突飛すぎたのか学生が集まらず、そのうえスポンサーの急死という不運も重なって、この計画は日の目を見ることなく頓挫してしまった。

その後、クラーク博士は鉱山の経営に手を出す。当初、事業は成功し、かなりの大金を手にすることもできたが、わずか2年で会社が倒産してしまう。クラーク博士の勢いに便乗して株を買っていた町の人々にも膨大な損失を与えてしまう結果となった。

日本では多くの学生に慕われたクラーク博士も、晩年は倒産の裁判沙汰に追われながら失意のうちにこの世を去ったのである。

松方正義が進めた
デフレ政策ってどんな政策？

大隈重信の跡を継ぎ、１８８１（明治14）年から明治政府の財政を担ったのが大蔵卿の松方正義《まつかたまさよし》だ。

松方がとったのは、増税で歳入を増やし、歳出はぎりぎりまで切りつめるという、徹底した緊縮財政だった。彼が行った数々の政策は「松方デフレ政策」などと呼ばれることになる。

彼がデフレ覚悟で政策を断行したきっかけは、当時大量に出回っていた不換紙幣にある。西南戦争にかかる費用を捻出するために、政府は次々と不換紙幣を発行していたのだ。不換紙幣は正貨に替えられないため、インフレによる物価高騰が起きる一方で、銀に対する紙幣価値も下落していた。

それを解消するためには、まず不換紙幣の整理が必要だったのである。増税によって余剰金を生み出し、一部は焼却することで通貨の緊縮を行う。また、残りは銀行に貸し付けて、それを正貨で返却させることで政府の資金を確保した。

こうして１８８２（明治15）年には日本銀行を設立し、紙幣の発行を日本銀行だけに認めたのである。その３年後には、銀との兌換紙幣を発行することにこぎつけ、また官営事業を次々と民間に払い下げることも行っている。

この松方の政策は財政を立て直したものの、しかし一方で物価の下落を招くことになる。これが〝松方デフレ〟と呼ばれる所以だ。

米価や生糸の値段が下がり、さらには増税の負担も重くのしかかったことで、土地を手放さなければならない農民も少なくなかったのである。

「板垣死すとも自由は死なず」のホントの意味は？

日本初の全国的な政党である「自由党」は、１８８１（明治14）年に結成された。中心メンバーは国会期成同盟の参加者たちで、党首となったのは自由民権運動のリーダー的存在だった板垣退助だ。

彼らはフランスの急進主義に刺激を受け、国民の自由や権利の拡大や立憲体制の確立などを目標に掲げていた。

結成のきっかけは、国会開設の勅諭だ。約束が実行されるのは10年近く先だとはいえ、国会が開設された暁にはすぐさま活動できるように準備しておく必要がある。

にわかづくりの政党では、国民の代表として国会に議員を送り込むことはとうてい難しい。そういう強い意気込みのもと、国会開設までに強力な政党をつくり上げることを目指したわけである。そして、こうした自由党の主張は、貧しい農民たちの間にも広まっていくのだ。

翌年には、大隈重信を党首とした立憲改進党も結成された。こちらはイギリス流の議会政治を目指し、知識人や豪農、新しい資本家たちを取り込んでいった。

一方、政府を支持する政党も現れた。福地源一郎らが立ち上げた立憲帝政党である。もっとも目立った活動をすることなく、短期間で解散してしまうことになる。

政府は政党の動きがさらに加熱することを懸念して、厳しい取り締まりを行う。そんななか、板垣退助が襲われるという事件が起きた。

このとき彼が口にしたといわれるのが、有名な「板垣死すとも自由は死なず」という言葉である。

「華族令」をつくる必要性はどこにあったのか？

日本ではじめて内閣制度が始まったのは１８８５（明治18）年のことだ。初代内閣総理大臣に就任したのは伊藤博文である。この時点で伊藤が政府の中枢にいたのは事実だが、並みいる政治家を抑えて総理大臣に選ばれたのはなぜなのだろうか。

内閣制度以前の太政官制度では、天皇を補佐するのは太政大臣・右大臣・左大臣の３人で、しかも高位の公家しかその地位に就くことができなかった。

実際に政治を動かしていたのは彼らの下にいる参議ではあったが、参議はあくまでも補佐役にすぎず、なんら権限を持ってはいなかったのである。一介の士族でしかない伊藤が大臣になることなど夢のまた夢だった。

立憲体制を整える必要があると感じた伊藤は、新たな身分制度である華族令を制定した。華族は公《こう》・侯《こう》・伯《はく》・子《し》・男《だん》の５つの爵位からなり、従来の大名や公家に加えて国家に対する功労者にも爵位を与えることができるようにしたのである。華族令により、もともとは下級武士の出身であった伊藤も公爵の地位を得ることになった。

伊藤は総理大臣を頂点とした西欧流の内閣を構想していたが、ここで問題になったのが太政大臣だった三条実美の扱いだ。

身分も高く粗略に扱うわけにはいかない。そこで、天皇を補佐するという一見重要な役職に見えながら実は閑職である内大臣という役職をつくって三条に割り当てた。

そうしてようやく内閣制度が整い、三条が天皇に伊藤を推挙したことで伊藤は初代総理大臣となったのである。

明治憲法がつくられるまでの道のりは？

伊藤博文が内閣発足とともに尽力したのが、憲法の制定である。

１８８２（明治15）～１８８３（明治16）年にはドイツへと渡って憲法や立憲政治について学び、本格的な作業に入ったのは１８８６（明治19）年末のことになる。井上毅《いのうえこわし》、伊《い》東巳代治《とうみよじ》、金子堅太郎《かねこけんたろう》、ドイツ人顧問のロエスレルらとともに具体的な創案づくりが始まった。

そして、１８８９（明治22）年に「大日本帝国憲法」（明治憲法）が発布される。

その大日本帝国憲法を伊藤博文が主導してつくったきっかけは、政敵・大隈重信との政治抗争に勝利したことである。

「両雄並び立たず」というが、大久保利通亡きあと、政治の中枢では伊藤と大隈が政治理念の違いにより大きく対立していた。伊藤はドイツ的な立憲政治を目指し、一方の大隈はイギリスを手本とした政治を理想としていたのである。

政府の重鎮である岩倉具視は伊藤と同じ考えを持っており、ふたりは大隈を排除するクーデターを画策する。そして、開拓使官有物払い下げ問題が紛糾したのに乗じて、参議だった大隈の罷免を決定。岩倉と伊藤を主導として、国会開設の勅諭を公布した。これが、いわゆる「明治十四年の政変」である。

大隈を排除したことで、岩倉や伊藤が目指すドイツ式の憲法制定を推し進めることができるようになったわけである。

できあがった憲法は、天皇が作成して国民に与えるという欽定憲法の形をとった。憲法制定の日には、街は祭のように賑わったというが、じつは国民の大半がその内容については知らなかったという。

それは起草の際にとやかくいわれることを嫌った政府が、当日まで内容を伏せていたためだった。

津田三蔵は、なぜロシア皇太子を斬りつけた？

1891（明治24）年5月11日、発足したばかりの松方内閣を震撼させる事件が起きた。

来日していたロシアの皇太子（のちのニコライ2世）が大津を訪問していたところ、津《つ》田《だ》三蔵《さんぞう》という巡査が襲いかかり、重傷を負わせたのである。

大国ロシアがどんな報復をしかけてくるか、政府は事の成り行きに戦々恐々としたのだった。それにしても警固担当だった巡査が、なぜロシア皇太子を狙うなどという暴挙に出たのか。

津田を突き動かしたものは、じつは当時の日本国中に流れていた風評だった。

ロシアが南下を狙っており、当時の日本にとっては常に警戒の対象であったことは事実だ。数年前にはシベリア鉄道が完成していたため、極東へも進出しやすくなっていた。

そんな折りに、ロシア皇太子が日本へやって来るという。来日前から、これは日本を侵略するための準備で、日本の軍備や国力を調査することが目的に違いないという噂が日本中を飛び交っていたのである。

津田はこの噂を信じ、日本の危機とばかりに襲撃を実行したのだった。

政府は日露関係の悪化を恐れ、津田を死刑にするよう大審院に圧力をかける。大審院とは、当時の司法における最高機関だ。

ところが、大審院はこれに抵抗した。日本の法律では謀殺未遂は無期懲役だ。大国に怯えて法律を曲げるのは、立憲国家として恥ずべき姿であると主張したのである。

政府と大審院の間で激しい応酬があったが、結局、津田は無期懲役となり、司法権は守られることになったのである。

「日清戦争」は、どう始まり、どう決着した？

台湾出兵や江華島事件など、これまでにも外国との戦いはあったものの、近代日本が本格的な戦争を実行したのは、１８９４（明治27）年の「日清戦争」が初めてである。

いくつかの要因がからみ合って日清の対立が激化したわけだが、直接のきっかけとなったのは朝鮮で起こった農民の反乱である。この「東学党《とうがくとう》の乱《らん》」を平定するために、清は朝鮮へと出兵。それに対抗して日本も派兵をし、両国の間で戦争が始まったのである。

もともと日本も清も朝鮮の支配を狙っていた。日本が朝鮮半島にこだわったのは、利権獲得はもとより、列強の進出を阻む砦として位置づけていたからである。

朝鮮国内でも、清側につく一派と日本側に加担しようという一派があった。1884（明治17）年には日本と結んだ一派がクーデターを試みるが、清の介入で失敗するという「事変」が起きている。

このときはひとまず武力衝突は避けられたが、朝鮮をめぐる両国の緊張はいっそう高まった。そこに起きたのが、大規模な東学党の乱だったわけである。

日本国中が一丸となって臨んだ「日清戦争」は日本側の大勝利に終わり、1895（明治28）年には下関条約が交わされることになる。

この条約では、朝鮮の独立を認めること、遼東《りょうとう》半島・台湾・澎湖列島を日本に割譲すること、賠償金の支払いなどが決められた。日本は勝利に沸き返った。

ところが、これに水を差したのがロシア・フランス・ドイツによる「三国干渉《さんごくかんしょう》」である。彼らは日本が遼東半島を清に返還するよう求めた。

とりわけロシアは満州に権益を築いており、いずれはここを足がかりに遼東半島へも進出しようと考えていた。そこを日本に押さえられては困る。そのため、講和条約に異を唱えたのである。

やむなく日本は遼東半島を返還することになった。

とはいえ、列強はけっして清の行く末を考えていたわけではない。これを機に、次々と清に進出していくのである。

消化不良の思いを抱えた日本は、三国、とくにロシアに対する不満を強めたのだった。

恐慌に突入すると、「財閥」が発展するカラクリは？

富国強兵を推し進めるためには、産業の近代化は絶対条件だった。

しかし、民間による産業の発展を気長に待っている余裕はない。そこで、政府が先頭に立って海外の先進的な技術や機械を買い入れ、国営産業として近代産業を興していったのである。日本の殖産興業は、政府によって始められたのだ。

こうした官営工場が軌道に乗ってきたところで、工場は民間に払い下げられることになった。工場を引き受けたのは政府と密接な関係を築いていた大商人、いわゆる政商である。

やがて彼らは産業だけでなく、貿易業や銀行業などにも進出していく。こうして財閥の基礎が築かれることになっていった。

財閥は20世紀初頭に大きな発展を見せる。日清戦争後には多くの産業を興そうという動きがあり、一時的な好景気に湧いた。

しかし、財閥発展のきっかけは、この好景気にあるのではなく、むしろその後にやってきた不況のおかげといえるだろう。

日清戦争後、富裕層が新しい企業に投資して利益をあげようとしたため、多くの金が出回った。それに伴い、小さな銀行が次々と設立されたのである。

だが、小さな銀行は資金力が乏しい。大銀行に資金の借り入れをしているうちに首が回らなくなり、みるみる倒産していったのだ。

残ったのは三井・三菱・安田・住友などの大銀行だけである。大資本家たちは安定した資金を基に、鉱山、物産、造船、不動産などの事業に乗り出し、財閥としての足場を固めていった。

事業への資本貸付は自分の銀行から行い、産業界と銀行界の結びつきもますます強まっていったのだ。

「治安警察法」は、何を抑え込むためにつくられた？

「治安警察法」とは、１９００（明治33）年に第２次山県内閣が制定した法律である。これによって、軍人・教員・学生・女性・未成年者などが政治結社に参加することや、労働者や小作人が争議を起こすことが禁じられた。

また、集会や結社は届け出をしなければならず、警察は集会を解散させる権限を持つことなどが決められた。

政府が、このように民衆の行動を縛るための治安警察法を制定したのは、当時、労働争議や社会主義運動が盛んになってきていたという背景がある。２年前に発足していた社会主義研究会が、この年の1月に社会主義協会と改称し、研究だけでなく、実質的な社会運動を目標に掲げたことが直接のきっかけになったといえるだろう。

政府主導による資本主義への転換は、急速に進んでいた。だが、その恩恵にあずかれるのはごく一部で、世の中では格差社会が進み、多くの労働者たちは厳しい労働環境に置かれていた。

賃金は安いにもかかわらず、長時間の労働を強いられる。ろくな食事も与えられないまま劣悪な衛生状態で働く労働者のなかには病気になる者も多かった。

こうした悪条件での労働に対して立ち上がった者がいた。アメリカで社会主義の精神を学んできた高野房太郎や片山潜である。彼らが中心となって、初めての労働組合が結成され、労働組合運動が展開されるようになったのだ。社会主義への関心も高まり、民衆の間には労働条件改善のためのストライキや争議が広がっていった。

それに対して政府は治安警察法を制定し、労働運動や社会主義運動を押さえ込もうとしたのである。

このような政府の姿勢は、やがて10年後の大逆事件を引き起こすことになった。天皇暗殺を計画したという嫌疑のもと社会主義者を次々と逮捕し、十数名もの人間が処刑されたのである。

イギリスとの間に同盟を結ぶメリットはどこにあった？

イギリスは長い間、他国とは特別な同盟関係を結ばないという〝名誉ある孤立〟を保っていた。ところが、それを覆して初めて結んだ同盟が1902（明治35）年の「日英同盟」である。

この同盟では、日英どちらかが他国と戦争を始めたら中立を守ること、2国以上との戦争になった場合には互いに協力して戦闘にあたることなどが取り決められた。

もちろん、日英双方の利害が一致したための条約締結だが、日本とイギリスを接近させたのは、清で起きた「義和団事件《ぎわだんじけん》」（北清事変《ほくしんじへん》）だった。

日清戦争に敗北した清には次々と列強が進出していた。これに反発を覚えた民衆からは政治改革や外国人を排斥しようという運動が高まってくる。義和団を中心とした大規模な抵抗運動には、最終的に清政府も支持を表明した。

そこで、列強諸国は暴動鎮圧のために8カ国の連合軍を清へ乗り込ませる。戦いは当然のことながら近代的な軍備を持つ連合国軍の勝利に終わり、清は多額の賠償金を支払うことになった。

連合軍として参加したロシアは、事変後も満州に大軍を駐留させたまま引き上げる様子はなかった。満州を占領し、ゆくゆくは朝鮮半島へと進出することを目論んでいたのだ。

これに不安を覚えたのが日本とイギリスだ。日本は自国産業の市場として、満州や朝鮮半島を見込んでいたのである。

また、イギリスもアジアの市場を確保するためにロシアの勢力拡大はなんとしても防ぎたかった。敵の敵は味方だということで、共通の利害を持った日英が同盟を結ぶことになったのである。

ただし、日本ではイギリスと同盟を結ぶべきか、それともロシアと話し合いで妥協点を見つけるべきかというふたつの意見があった。結局、時の桂太郎内閣はイギリスとの協調路線を選んだのである。

大国ロシアとの「日露戦争」に踏み切ったのはなぜ？

日英同盟を結ぶなどロシアとの対立を深めていた日本だが、ついに1904（明治37）年、武力衝突が起こる。「日露戦争《にちろせんそう》」の勃発である。

ロシアのような大国を相手に、小国の日本が戦争を挑んだのはなぜなのか。それにはいくつかの要因がある。

武力行使のきっかけとなったのは、義和団事変後、駐留期限が過ぎてもロシアが満州から兵を引き揚げなかったこと、シベリア鉄道を複線化して満州を制覇しようとしていたこと、さらには、ロシアが朝鮮半島まで手を伸ばそうとしていたことなどである。

そのうえ、「ロシア憎し」の火種は三国干渉以来、日本人の心の中でくすぶり続けていた。せっかく勝利したのにロシアの横やりで戦果を奪われてしまったからである。

また、ロシアの勢力拡大を危惧したイギリスも、同盟という形で日本を後押しした。ロシアに立ち向かうためには強力な軍備が必要になるが、イギリスに加え、アメリカも資金援助に同意した。

ただし、イギリスは単なる好意から日本に加担したわけではない。ロシアを封じ込めるという共通の目的はあったものの、日本が戦ってくれれば極東の地へ自国の軍隊を送り込む手間が省ける。しかも、軍艦を売ることで利益も上がる――、こんな思惑もあったのだ。

戦争が長引くにつれ、戦況は苦しいものになっていく。「奉天の戦い」や「日本海海戦」では大国ロシアを破ったとはいえ、日本軍の犠牲者も膨大な数に上っていた。そして、1905（明治38）年、アメリカの仲介で「日露講和条約」（ポーツマス条約）が締結されることになる。日本が優勢を保った状態で戦争は終結したのだ。

日本海海戦の勝利が講和のきっかけになったように見えるが、じつは日露両国とも早く戦争を終わらせたい理由があった。

ロシアでは専制政治に反発した国民の暴動が頻発しており、戦争どころではなくなっていたのだ。そして、日本はこれ以上の戦費を賄うのが困難になっていたのである。こうした双方の思惑がからみ合って、日露講和条約が成立したのだった。

講和の内容は、日本の勝利を確信していた国民にとって納得できるものではなかった。そのため、不満を抱えた民衆が暴徒と化し、首相官邸や日比谷周辺を襲撃する日比谷焼き討ち事件が起こっている。

伊藤博文暗殺事件はなぜ起きた？

富国強兵を掲げる日本は、近代的な技術、政治制度、教育など、さまざまなものを欧米から学んだ。しかし、日本が学んだのはそれだけではない。列強が世界各地を植民地化しているのを見て、自らも同じ道を歩もうと考えたのである。

以前から日本は大陸進出を狙っていたが、日露戦争が始まると大韓帝国に対して日韓協約を締結させ、日本の保護国とした。１９０５（明治38）年には統監を置き、初代統監として伊藤博文が着任する。

当然のことながら、大韓帝国内では自国の主権を脅かす日本の統治に反対の声が上がり、各地で抵抗運動が繰り広げられた。しかし、日本は軍隊をもってこれを鎮圧し、1910（明治43）年、ついに韓国を併合してしまったのである。

併合へと大きく前進させたのは、1905年の「ハーグ密使事件」だ。ハーグで開かれていた平和会議に大韓帝国皇帝が密使を送り、日本に支配されている現状を訴え、独立を訴えたのである。

だが、各国の同意を得られなかったばかりか、事件の発覚後、皇帝は退位させられ、司法権や警察権も奪われる結果となった。

さらに併合を推し進めたのは、1909（明治42）年の「伊藤博文暗殺事件」だろう。ロシアとの会談に臨むために訪れたハルビンで、伊藤は大韓帝国独立を願う活動家に暗殺されたのだ。

政府の要人が暗殺されたとあれば、日本は大韓帝国に対して強気の行動に出ることができる。それだけでなく、伊藤がいなくなったこと自体が日本政府にとっては好都合だった。

というのも、伊藤は併合には賛成していたものの、その時期については先延ばしにしようと考えていた。朝鮮統監は退いていたとはいえ、伊藤の意見を無視して併合を強行することはむずかしかった。だが、伊藤の死亡によって併合の障害がなくなったというわけである。

そして、欧米列強と同じように植民地支配を行うために朝鮮総督府が設置され、行政・司法・軍隊のすべてを日本が握ることになったのである。

幕末の不平等条約を改正するのは、どのくらい大変だった？

幕末から明治の初期にかけて日本が諸外国と結んだ条約は、日本に不利なものだった。なかでも問題だったのが、関税自主権がないこと、諸外国が領事裁判権（治外法権）を持っていることだった。

その後、何度も交渉が行われ、少しずつ条約は改正されていったが、最後まで残っていたのが関税自主権の問題だった。

最終的に関税自主権の回復が実現したのは１９１１（明治44）年のこと。これは、歴代の外務卿や外務大臣がこつこつと積み上げた、努力の結晶だといえるだろう。

関税自主権の回復に大きな道筋をつけたのは、陸奥宗光である。陸奥が行った１８９９

（明治32）年の交渉では、重要輸入品は除かれたものの一部の関税引き上げが認められたのである。

このときに交わした条約の有効期限は12年。小村寿太郎は条約が切れる年に日米新条約を取り交わし、ようやく関税自主権が回復した。ただし、イギリスとの条約改正が成立するのは、１９２５（大正14）年まで待たなければならなかった。

日本で最初に南極を探険したときの費用は誰が負担した？

日本にも「冒険家」や「探検家」を職業としている人は多いが、その多くは企業などにスポンサーとなってもらい活動資金を集めるのがセオリーだ。ところが、日本の探検史に残る偉大な人物がその生涯を借金のなかで過ごしたということを知っているだろうか。

日本の南極観測船「しらせ」は南極の昭和基地の南西にある「白瀬氷河」の名前をとってつけられたが、そもそもこの氷河は日本で最初に南極探検を行った白瀬《しらせ》矗《のぶ》の名前にちなんで名づけられたものだ。

１９１２（明治45）年、白瀬を隊長とする日本の南極探検隊は南極の氷の大地に降り立った。ところが、悪天候と激しいブリザードに行く手を阻まれて、目標であった南極点への到達は断念せざるを得なかった。

その後、長旅を終えてひとりの犠牲者も出さずに帰国した白瀬は、5万人ともいわれる人々から熱烈な出迎えを受ける。ところが、彼を待っていたのは栄光だけではなかった。じつは、この白瀬の冒険に対して政府からの支援金はビタ一文出ていなかったのだ。そして彼には、山のような借金が残ったのである。

探検にかかった費用の支払いは、庶民から寄せられた募金を差し引いても現在の金額で2億円ほど残っており、白瀬は家財を処分したうえに、その生涯のほとんどを借金返済のために南極上陸の記録映像を持って全国行脚の旅に出なければならなかった。

白瀬は晩年まで借金の返済を続け、85歳でその生涯を終えた場所も間借りしていた魚屋の2階だったといわれている。偉大な功績を残した人物の最期としては、何とも気の毒な話である。

7
大正時代

どうして、大正デモクラシーは盛り上がったのか？

大正時代といえば、「大正デモクラシー」という言葉で知られるように、民主主義や自由主義を重んじる風潮が高まった時代である。この大きな流れの背景には、いくつかの要因があった。そのひとつが、「護憲運動」である。

このころ、桂太郎《かつらたろう》と西園寺公望《さいおんじきんもち》が交互に政権を担当するという政府が続いていたが、それは正当な政権交代というより、シナリオのある政治劇のようなものだった。こうした閉塞感のある政治に対して、人々の反発は強まっていき、現政権を排除して正しい憲政を守ろうという護憲運動が起こったのである。

犬養毅《いぬかいつよし》や尾崎行雄《おざきゆきお》が中心となった第1次護憲運動では、第3次桂内閣が退陣に追い込まれるという「大正政変」が起きた。また、吉野作造《よしのさくぞう》の唱えた民本主義も民衆を刺激した。これは現在の民主主義に通じる言葉で、政治は民衆のためにあり、民意を反映した政治運営が必要であることを説いたのである。

これらの活動に伴い、普通選挙を求める声が大きくなっていく。明治時代の帝国議会でも衆議院議員は選挙によって選出されていたが、選挙資格は高額納税者に限られていた。この納税額はしだいに引き下げられていったものの、それでも大半の民衆には参政権は与えられていなかった。

社会運動がますます盛んになるなかで、財産の有無にかかわらず参政権を与えるべきだという主張が農民や労働者階級の人々の間にも広まっていき、１９１９（大正８）年から翌年にかけては普通選挙運動も最大の盛り上がりを見せる。これに呼応して、野党も普選案を作成して議会にかけた。そして、何度もの否決を乗り越え、ようやく１９２５（大正14）年に「普通選挙法」は可決することになったのである。

このように大正期は、政界だけでなく民衆も民主化に目覚め、大きなうねりが引き起こされたのである。

日本が第一次世界大戦への参戦を決めたのは？

オーストリアの皇太子夫妻が暗殺された「サラエヴォ事件」をきっかけとして、１９１４（大正３）年にオーストリアがセルビアに宣戦布告、「第一次世界大戦」は始まった。

当時、オーストリアはドイツ・イタリアと三国同盟を結び、これに対抗する形でイギリス・フランス・ロシアは三国協商を締結していた。そのため、ドイツ、イタリアはオーストリア側につき、イギリス・フランス・ロシアはセルビア側についたのである。こうして当初はオーストリアとセルビアの対立だった戦いは、ヨーロッパ全土を巻き込んだ大戦争へと発展していくことになる。

日本からはるか遠くで起こったヨーロッパ列強間の争いに、なぜ日本が関わることになったのかというと、1902(明治35)年に日英同盟を締結していた関係で、イギリスから極東地域にいるドイツ艦隊を撃破してほしいという依頼があったからだ。

だが、日本が参戦した本当の理由は別のところにあった。

日露戦争後の日本は不況にあえいでいた。しかし、戦争に参加すれば軍需産業を中心に国内の景気は上向くだろう。しかも、列強の目がヨーロッパに引きつけられているため、アジアでの勢力を拡大する絶好のチャンスだった。

ドイツが中国から租借している地を奪えれば、その利権の大きさは計り知れない。日本にとって、ヨーロッパで起きた戦争は国力を高めるための絶好の材料だったわけである。

大戦の知らせを聞いた元老の井上馨《いのうえかおる》は「これは天佑《てんゆう》だ」と叫んだという。

イギリスは日本の参戦までは望んでいなかったので、思いとどまらせようとしたが、日本はそれを押し切って全面参戦を決行したのである。

そして、ドイツが進出していた山東半島やマリアナ諸島を奪い取り、さらに中国と中立の約束を交わしていた山東鉄道までも手中に収めていくのである。

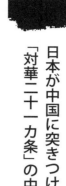

日本が中国に突きつけた「対華二十一カ条」の中身とは？

第一次世界大戦は、三国協商側の勝利に終わった。膠州《こうしゅう》湾に駐留していたドイツ軍も降伏し、イギリスに組みしていた日本も戦勝国となる。だが、実際には第一次世界大戦に乗じて中国進出を図ったというほうが正しいだろう。

そして、１９１５（大正４）年に、日本は中国に対して「対華二十一カ条」を突きつける。これは21項目にわたる中国への要求だが、大きく5つの内容に分類される。

それは、「山東半島の利権の処分について」、「満蒙《まんもう》地域の租借について」、「漢冶《かんや》萍公司《ひょうこんす》の扱いについて」、「中国領土の他国への譲渡禁止について」、さらには「中国政府に日本人顧問を招聘すること」だった。

日本が「対華二十一カ条」を掲げたきっかけのひとつは、当時の中国国内の混乱だ。中国では1911年の辛亥革命《しんがいかくめい》を機に清王朝が崩壊し、中華民国が成立していた。だが、各地で軍閥が対立を繰り広げており、政情が不安定だったのである。

この混乱に乗じて、日本は中国での勢力拡大を目指したわけだ。しかも、ヨーロッパで第一次世界大戦に集中しなければならない列強は、どうしてもアジアが手薄にならざるを得ない。日本はその隙を突いたのだ。

もちろん、こうした要求に中国は反発した。イギリスやアメリカは日本の台頭を懸念してはいたが、満州を与えれば他の地域までは手を出すまいという計算もあり、それほど強硬には反対をしなかったのだ。

中国の強い抵抗と途中からそれを支持したアメリカの態度によって、最終的には中国政府に日本人が顧問として加わるという項目は削除されたものの、それ以外は認めさせてしまったのである。

富山の主婦たちの「米騒動」が全国にひろがったのは？

第一次世界大戦は、日本に好景気をもたらした。ヨーロッパ諸国からの輸出が減ったおかげで、日本はアジア市場への輸出量を増やすことができ、産業も大きく発展を遂げたのだ。大戦景気に沸く人々のなかからは、〝にわか成金〟が続々と生まれた。

ただ、好景気につれて物価も上がっていき、庶民は苦しい生活を強いられることになる。そんななか、1918（大正7）年に起こったのが「米騒動」だ。

それは、富山の漁村に暮らす主婦たちが、米の価格の引き下げを要求する行動から始まった。女性だけで行ったこの活動は、「越中女一揆」として新聞でも大々的に取り上げられ、これを機に全国規模の運動へと拡大していく。

彼女たちは、地元の米がほかの場所へと送られ、地元に行き渡らないのが米価高騰の原因と考えた。米の積み出しを止め、価格を引き下げるように頼んでも役所や米商人は聞き入れない。そこで、数百人が集まっての抗議行動に出たのである。

この時期、米価が高騰した理由のひとつに、シベリア出兵が近いという噂につられ、富裕層や商人が米を買い占めたことがあげられる。流通する米が少なくなれば米価は高くなる。すると、さらなる値上がりを見込んで、ますます買い占めや売り惜しみが横行するという悪循環が発生したのだ。

富山の一件をきっかけとして各地で米騒動が起こり、米問屋・精米会社・資産家の家などが次々と襲われるという事態にまで発展する。これによってついに寺内正毅《てらうちまさたけ》内閣は米の安売りに踏み切ったのである。

そもそも、どうして日本はシベリアに出兵した？

第一次世界大戦末期の１９１８（大正７）年、アメリカ・イギリス・フランスの連合軍がシベリアに向けて兵を送り込んだ。出兵の要請を受けた日本も、ただちにウラジオストックに進軍していく。

第一次世界大戦中、ロシアは連合国側についたはずである。それがどうして、「シベリア出兵」という事態に至ったのか。じつは、このときロシアでは国情を揺るがす大事件が起きていたのだ。

ロシアでは専制政治に対する不満から民衆の反乱が頻発していたが、１９１７（大正６）年、ついにそれが革命にまで発展したのである。この「ロシア革命」によって帝政は崩壊し、レーニン主導によるソヴィエト政権ができ上がったのだ。世界初の社会主義政権の誕生である。

資本主義国家の集まりである連合国にとって、これは驚愕の出来事だった。しかも、ソヴィエトは単独で、ドイツ、オーストリアと講和を結んでしまい、さっさと戦線を離脱してしまったのである。

ソヴィエトが新たな危険の芽になることを感じた連合国は、出兵を決意する。口実は、シベリアに取り残されているチェコスロヴァキア兵の救出だった。

一方、日本は連合国と歩調を合わせるというだけでなく、別の思惑を持っていた。相手はそれまでさんざん辛酸を舐《な》めさせられてきたロシアだ。ロシア革命制圧をきっかけに、シベリア東部へと勢力を伸ばそうと考えたのである。

結局、第一世界大戦後に連合国軍はシベリアから引き上げていく。しかし、日本だけはその後も駐留し続け、それがのちに各国の非難の的となってしまうのである。日本にとっても、膨大な戦費と犠牲を払ったにもかかわらず、ほとんど得るものがない戦いだった。

「ワシントン軍縮会議」では何が決まった？

第一次世界大戦後、アジアにおける勢力地図は大きく塗り変わっていた。アメリカ・イギリス・日本が中心的な存在となったのだ。そこにはもう、列強のいいなりになるだけだった日本の姿はなかった。

1919(大正8)年の「ヴェルサイユ条約」によって戦後処理が終わり、翌年には国際連盟も発足する。そして1921(大正10)年、アメリカの提唱により、各国が集結してワシントン会議が開催されることになった。会議の主題は軍縮や極東地域の安定についてである。

アメリカがこのような会議を呼びかけたのは、日本に対する警戒心が大きく関係している。日露戦争後からアメリカは満州の権益を狙っており、日本と対立を深めていた。中国への進出は地理的に見て日本のほうが有利なうえ、第一次世界大戦後は日本が山東半島を獲得していたのである。

アメリカとしては日本のこれ以上の勢力拡大を阻止するために、会議の場を設ける必要があったのだ。

会議では、軍艦の保有率がアメリカ・イギリスの5に対して、日本は3と定められた。これが「ワシントン海軍軍縮条約」である。

しかし、それだけではなかった。中国の主権や領土を守り、すべての国に均等に門戸を開放するという「九カ国条約」までもが締結されたのである。この条約によって、日本は手に入れた山東半島を手放さなければならなくなった。

一見、中国を尊重した条約に見えるが、どの国も中国での権益を狙っており、そうした各国の思惑がからんだ結果である。こうして、アメリカ・イギリス・日本を軸とした国際協調システムであるワシントン体制が確立することになったのだ。

関東大震災が未曾有の大災害になったのは？

１９２３（大正12）年9月1日、午前11時58分、関東地方を未曾有《みぞう》の大災害が襲った。「関東大震災」の発生である。

多くの建物が崩壊し、東京は火の海と化した。死者・行方不明者は10万人以上、被災者は３４０万人を超え、全半壊や焼失など69万戸もの家屋が被害を受けた。

ちょうど昼時だったこともあり、多くの家庭で昼食の支度をするために火を使っていた。これが火災を引き起こしたのである。関東全域では１００以上もの火災が同時に発生したという。

しかも、日本海に台風が接近していた影響で風も強かった。強風にあおられた火は、次々と建物を飲み込んでいったのだ。

また、木造の家屋や橋が多かったことも延焼に拍車をかけた。炎に巻かれただけでなく、熱風で窒息する人々もいた。この火災が翌日まで続いたのである。

そして、さらに追い討ちをかけるような出来事が起こっている。震災で大きくダメージを受けた官公庁は、警察を含めその機能をほとんど停止していた。そのため、治安維持を目的とした戒厳令《かいげんれい》が敷かれたものの、人々の混乱は収まることがなかった。

そんななか、「朝鮮人が暴動を起こす」「井戸に毒を入れている」などという、根も葉もない噂が広まったのだ。このデマを信じ込んだ民衆によって、多くの朝鮮人が犠牲となった。また、この混乱に乗じて、大杉栄《おおすぎさかえ》をはじめとした社会主義者が殺害される事件も起きている。

コワい「治安維持法」が成立してしまったのは？

「治安警察法」や「集会条例」など、政府はそれまでにも民衆を取り締まる数々の法律を定めてきたが、１９２５（大正14）年に制定された「治安維持法」は、そのなかでももっとも厳しい法律だったといえるだろう。

治安維持法は普通選挙法の成立にあわせてできた法律だ。両者は抱き合わせてつくられたといったほうが正しい。

第2次護憲運動の成功によって政権をとった憲政会《けんせいかい》・立憲政友会《りっけんせいゆうかい》・革新倶楽部《かくしんくらぶ》の護憲三派内閣の最大の目標は、普通選挙の実施だった。

当時は普通選挙を求める民衆の声も無視できなくなっており、内閣は普通選挙の実現に向けて全力を傾けることになる。

しかし、これに難色を示したのが枢密院だ。誰もが選挙権を持つことになれば、労働者などが支持する無産政党（社会主義政党）が力を増し、共産主義運動が活発になることを危惧したのである。

また、枢密院が反対した背景には、この年の初めに日ソが国交を樹立したという背景もある。社会主義国であるソヴィエトからの情報が労働者たちに与える影響を怖れたわけである。この懸念を払拭しない限り、普通選挙法は成立しそうになかった。何度も協議を重ねた末、政府は妥協策として治安維持法の制定に同意したのである。

そして、普通選挙法の公布に先立って治安維持法が公布された。当初は革命運動をおさえこむために、後には思想統制の道具としてこの法律が使われることになった。

「護憲三派内閣」の〝三派〟ってどんな人たち？

治安維持法の公布から、およそ2週間後の1925（大正14）年5月5日に「普通選挙法」が公布された。これにより、有権者数は以前の4倍になった。

もっとも普通選挙とはいっても、現在のシステムとは大きく違う。25歳以上の男子には選挙権が与えられたものの、女性は選挙に参加することが認められていなかった。

この時期に普通選挙法が制定された背景としては、まず、大正時代初期から盛んになってきたデモクラシーの影響があげられる。政治家だけでなく、民衆のなかからも普通選挙を求める声が高まり、その運動がますます広がっていたからだ。

また、護憲三派内閣が誕生したことも大きい。憲政会・立憲政友会・革新倶楽部の三派は、政党政治の確立や普通選挙の実施を目標として第2次護憲運動を展開していた。当時の清浦奎吾《きようらけいご》内閣は議会の解散で対抗したのだが、結果は護憲三派が勝利し、政権の座についた。とはいえ、すんなり法案が通ったわけではない。何度も修正が加えられ、妥協点を探りながらようやく治安維持法と引き換えに成立となったのである。

8

昭和・平成から令和へ

金融恐慌の出発点になった「震災手形」って何？

第一次世界大戦の好景気に涌いたのもつかの間、1920年代の日本は不況に突入していた。そして、1927（昭和2）年になると、多数の銀行が休業に追い込まれるという事態にまで発展してしまう。これが「金融恐慌」である。

金融恐慌が起こったきっかけはなんだったのだろうか。

その根は1923（大正12）年に起きた関東大震災にある。震災のダメージは大きかったものの、それ以上に問題だったのはそのときに発行した震災手形である。

政府は被災した企業を救済するために、彼らの支払いを延期することを決めた。さらには、日本銀行が決済不能となった彼らの手形を再割引して引き受けることも決定したのである。これが「震災手形」と呼ばれるものだ。

じつは、被災企業が抱えていた手形の多くがろくな担保もないまま貸し出された不良貸付だった。政府も震災手形の処理になんとか手を打とうとするものの、その過程で不良債権を抱え込んだ銀行が多数存在することが明らかになったのである。

これに慌てたのは国民だ。銀行がつぶれたら自分たちの預金も危ない。人々はこぞって銀行に押しかけ、預金を引き下ろそうとする取付け騒ぎが起きた。もともと資金力のない銀行は、次々と休業に追い込まれていった。

なかでも最大の問題となったのが台湾銀行だ。ここは総合商社である鈴木商店の多額の不良債権を抱えていた。鈴木商店は第一次世界大戦中に大きく発展した企業だが、その後の不況にあえいでいたのである。政府は台湾銀行を救済するための緊急勅令を発動しようとしたものの、枢密院《すうみついん》の反対で実行できず、台湾銀行もまた休業に追い込まれた。

騒ぎがようやく静まったのは、政府が3週間のモラトリアム（支払い猶予《ゆうよ》）を設け、日本銀行による非常貸付が実行されてからのことになる。

ちなみに、このとき日本銀行はあまりに大量の紙幣を印刷しなければならなかったため、裏が白いままの紙幣もあったという笑い話のような実話も残っている。

「満州某重大事件」の“某”って何？

「激動の昭和」と表現されるように、昭和時代は始まりから国内外に不穏な空気が渦巻いていた。不景気で国民は不満を募らせており、不況脱出の足がかりとするためにも対中政策は強硬の一途をたどっていくことになる。

このころ、満州は日本の支援を受けた張作霖《ちょうさくりん》が支配していた。張を通じて、満州における日本の権益を確保しようとしていたのである。

ところが1928（昭和3）年、張の乗った列車が爆破されて死亡してしまう。いわゆる「張作霖爆殺事件」である。

当初、この事件は蒋介石をリーダーとする国民党政府のゲリラによるものだと発表されたが、じつは関東軍の河本大佐が率いる一団が首謀者だったという説が有力だ。なぜ、彼らは味方であったはずの張作霖を爆殺したのだろうか。

関東軍を動かしたのは、蒋介石《しょうかいせき》の北伐《ほくばつ》である。蒋介石は、南京に国民政府を樹立し、中国統一を掲げて国民革命軍を率いて北へと進軍を開始したのだった。北伐の勢いを見た日本は、もはや張作霖では対抗できないことを悟る。しかも、張作霖は日本の思い通りには動かなくなってきていた。

そこで、この機に乗じて満州に混乱を引き起こして制圧したうえで、自分たちの意のままになる新政権を樹立しようと考えたのだ。張作霖にはいったん満州へと引き上げるよう命じたが、本当に戻ってきてしまっては扱いに困る。そのため、帰還途中で爆殺することに決めたのだ。

この事件は、「満州某重大事件《まんしゅうぼうじゅうだいじけん》」として日本国内では真相が隠されていたが、田中義《たなかぎ》一《いち》内閣はこの事件によって退陣を余儀なくされた。

昭和恐慌が起きてしまったふたつの理由とは？

すでに大正末期から日本の経済状況はかなり悪化していた。第一次世界大戦後の不況、金融恐慌など、深刻な事態が続いていたのだ。ここに、さらなる一撃が加えられた。1930（昭和5）年の「昭和恐慌」である。

きっかけはふたつある。

ひとつは、アメリカに端を発する世界恐慌の影響である。1929（昭和4）年10月、ウォール街での株価暴落に始まる世界恐慌は、世界中の経済に大打撃を与えることになった。

もうひとつが、1930年1月から実施された金輸出解禁である。政府は物価の安定と輸出の強化を図るため、1917（大正6）年以来停止していた金本位制に復帰することを決定していたのである。

しかし、すでに世界は不況の波に覆われており、輸出はまったく伸びない。それどころか、逆に海外から安い製品が入ってきて、日本国内に保有されていた金が流出するという結果になったのである。

とくに、アメリカ向けの生糸《きいと》の輸出はがた落ちになった。その影響で多くの紡績業者、製糸業者が倒産し、失業者が増加する。絹の価格は暴落して養蚕業も大きなダメージを受けた。中国やインドへの綿布の輸出も減少し、この時期の貿易は40パーセントもの落ち込みを見せたのだ。

さらに、農業恐慌がこの事態に追い討ちをかけた。ただでさえ物価が下がっているところにもってきて豊作が重なり、農作物の価格が下落したのである。米価は以前の半値にまで落ち込み、キャベツが50個でようやくタバコ1箱の値段ということもあったという。農家も大きな痛手を受けたのである。

不況の嵐が人々を飲み込み、街には失業者や浮浪者があふれかえる事態になったのだ。

「統帥権干犯問題」では、誰が何を問題にした？

1930（昭和5）年、アメリカ・イギリス・フランス・イタリア・日本の代表が一堂に会して、「ロンドン海軍軍縮会議」が開かれた。日本が送り込んだのは、内閣から指名を受けた元首相の若槻《わかつき》礼次郎《れいじろう》を全権代表とする一団だ。彼らは日米英の海軍補助艦艇の保有数を決めた「ロンドン海軍軍縮条約」に調印する。

ところが、海軍や野党の政友会は、この締結は統帥権《とうすいけん》の干犯《かんぱん》だと内閣に噛みついた。

統帥権とは軍の最高指揮権のことで、天皇にその大権が委ねられており、政府や議会から独立するとされていた。当然、兵力の数についても統帥権の下にあり、政府が勝手に決めるのは統帥権の侵害だと糾弾したのである。

彼らが統帥権干犯をぶち上げたきっかけはロンドン軍縮条約の調印だが、その裏には海軍の不満があった。

もともと海軍は補助艦艇の縮小に強く反対していた。一方の浜口《はまぐち》雄幸《おさち》内閣は軍縮推進派だ。浜口内閣が国内の不満にさらされながらも条約締結にこだわったのは、国際協調を重視する立場だったことと、財政難を克服したかったためである。軍艦にかかる費用を削れば、国家財政を好転させることができるというわけだ。

野党だった政友会が統帥権干犯問題を持ち出したのは、これを機に内閣を打倒しようという思惑もあった。

浜口首相はあくまでも条約を遵守するという態度を崩さなかったが、1930（昭和5）年11月14日右翼に狙撃され、翌年命を落とすことになる。

「満州事変」の最初に起きた「柳条湖事件」の真相とは？

1931（昭和6）年、「満州事変」が勃発する。その始まりとなったのは、「柳条湖《りゅうじょうこ》事件」だ。奉天近くの柳条湖で、南満州鉄道の線路が爆破されたのである。関東軍はこれを中国軍の仕業だとして、報復攻撃を開始したのだ。だが、これは関東軍の自作自演だった。

当時、中国の民族運動は満州に迫る勢いをみせており、関東軍が爆殺した張作霖の息子の張学良も満州を拠点に抗日運動を繰り広げていた。満州における日本の権益が脅かされると考えた関東軍は、武力行使を正当化するために自ら口実をでっちあげたのだ。

軍部がこれほど満州にこだわったのにはわけがある。ここはソ連に対抗するために重要な場所であり、中国へ進出するための拠点でもあった。また、鉄や石炭などの資源も豊富で、経済的な利点も大きかったのだ。

事件後、関東軍は即座に満州の主だった都市を占領していく。事前に計画を知らされていなかった政府は、このできごとに驚いた。政府は事変の不拡大を発表するが、関東軍の暴走は止まらなかった。

もともと政府の協調外交路線に反発していた軍部は、かねてから「満州は日本の生命線であり、ここが奪われることは日本の危機である」と主張し、世論を煽っていた。

そのため、事件が伝えられると、新聞はいっせいに日本軍の快挙を報じ、国民も戦勝の興奮に沸き返る。政府はこうした風潮を前に、軍の行動を追認せざるをえなかった。

そもそも「血盟団事件」って どんな事件？

関東大震災やたび重なる不況の影響で社会情勢が不安定になるなか、テロやクーデター未遂など世の中には不穏な動きが広まっていく。

そして、１９３２（昭和７）年には首相だった犬養毅が暗殺されるという事件が起きた。海軍の青年将校らに率いられた一団が首相官邸を襲撃したのである。「話せばわかる」「問答無用」のやりとりで知られる「五・一五事件」だ。

青年将校らを首相暗殺などという大それた行動に駆り立てたきっかけは何だったのだろうか。

ひとつには、同じ年に起きていた「血盟団事件《けつめいだんじけん》」が挙げられるだろう。井上日召《いのうえにっしょう》をリーダーとする右翼団体の血盟団は、自分たちの手で日本を改革しようという目標を掲げ、政財界の要人を狙うテロを行ったのである。

「一人一殺」というスローガンの下で、２月には前蔵相の井上準之助を、３月には三井合名会社理事長の団琢磨《だんたくま》を射殺した。井上日召は軍の将校らとも親交があり、直接行動の重要性を説いていたという。

また、軍部のなかには、国家の窮状は腐敗した政治に原因があり、政党政治を倒して軍事政権を打ち立てようという動きもあった。これに賛同する者たちが密かに桜会というグループを結成し、「三月事件」、「十月事件」と呼ばれるクーデター未遂事件も起こしている。

さらに、犬養首相自身にも標的となる一因があった。犬養は軍縮推進派で、また、中国の要人と親しかったため、関東軍の満州侵略が阻まれる恐れもあった。軍部にとって不都合な要素をいくつも抱えている首相だったわけである。

そして、犬養毅が暗殺されたことで日本の政党政治は終わりを告げることになる。

日本が国際連盟を脱退した大義名分はどこにあった？

第一次世界大戦の反省をもとに、国際的な平和機関として１９２０（大正９）年に発足したのが「国際連盟」だ。イギリス、フランス、イタリアとともに、日本も常任理事国となった。

ところが１９３３（昭和８）年、この地位を捨て日本は国際連盟を脱退してしまう。それには、いくつかの要素が絡んでいる。

まず、リットン調査団の報告だ。中国は満州事変が日本の侵略行為だとして、国際連盟に訴え出た。そこで、国際連盟はイギリス人のリットン卿をリーダーとする調査団を満州へと派遣したのである。

リットン調査団の報告によれば、満州における日本の軍事行動は自衛を目的としたものではなく、また満州国の独立は認められないというものだった。ただし、これは完全に日本を否定したものではなく、日本の利権は認めるという妥協的なニュアンスも含んでいた。

だが、軍部はこれに満足することなく、調査団の報告書が公式に発表される前に、清朝皇帝の末えいの溥儀《ふぎ》を傀儡《かいらい》皇帝に仕立て上げて満州国を樹立させてしまったのである。

さらに、国際連盟の総会ではリットン調査団の報告が重視され、満州国を認めず、この地から日本軍は撤退すべしという案が可決される。反対したのは日本の1票だけという圧倒的な敗北だった。

この議決を機に日本は国際連盟からの脱退を決意する。国際連盟脱退の〝第1号〟だ。全権を任されていた松岡洋右《まつおかようすけ》は脱退を宣言すると、「さいなら」という捨てぜりふを残し、会議場をあとにしたという。

実際にこれが発効するのは1935（昭和10）年のことになるが、日本の脱退を皮切りに次々と脱退する国が増えていき、国際連盟の影響力は低下することになる。

二・二六事件の裏にある陸軍内部の権力闘争とは？

１９３６（昭和11）年2月26日、数十年ぶりという大雪に見舞われた東京は、真っ白な雪に覆いつくされていた。この静かな銀世界に、突如軍服姿の一団が現れる。陸軍の青年将校に率いられた千数百人のクーデター部隊だ。

彼らは斎藤実《さいとうまこと》内大臣、高橋是清《たかはしこれきよ》蔵相、渡辺錠《わたなべじょう》太郎《たろう》陸軍教育総監などを暗殺し、首相官邸や警視庁、陸軍省などを占拠した。いわゆる「二《に》・二六《にろく》事件」である。彼らがこの大規模な反乱を起こした最大の原因は陸軍内の派閥抗争にあるといえるだろう。

このころ陸軍のなかでは、統制派と皇道派というふたつの勢力が権力闘争を繰り広げていた。統制派は軍の一元的な統制をもって国家の改造を計ろうとしたグループで、皇道派は国家改造のためにはクーデターも辞さずというグループだ。

両者の緊張が高まるなか、１９３５（昭和10）年には皇道派の相沢三郎が統制派の永田《ながた》鉄山《てつざん》を殺害するという事件が起こる。この事件によって派閥抗争は統制派が有利になっていった。

これに焦りを覚えたのが皇道派の軍人たちだ。そこで形勢を一気に逆転させようとして引き起こされたのが、二・二六事件だったのである。

また、遠因としては4年前の「五《ご》・一五《いちご》事件」も挙げられる。この事件はテロによって、軍人が武力を使って政治を変えられるという前例をつくってしまったからだ。しかも、武力によるテロや弾圧を恐れた人々は、あからさまな軍部批判を避けるようになってしまっていた。

さらに、皇道派の将校たちは農村出身者が多く貧しい暮らしを知っていた。彼らには、本気でこの窮状を救いたいという思いもあったのだろう。

しかし、一部の軍人による勝手な行動は認められることはなく、反乱はまもなく鎮圧される。その後は、皇道派が衰退する一方、統制派が軍部の実権を握っていくことになった。

「盧溝橋事件」をめぐる最初の射撃音の謎とは？

1937（昭和12）年7月7日、北平《ペーピン》（現在の北京《ペキン》）の郊外で日本軍と中国軍の武力衝突が起こる。その場所にちなんで、「盧溝橋事件《ろこうきょうじけん》」と呼ばれるできごとだ。

事のはじまりは数発の銃弾だった。軍事演習を行っていた日本軍に向けて、何者かが発砲したのである。彼らは中国軍が攻撃を仕掛けてきたのだと思い、すぐさま反撃に出た。中国側も応戦し、翌日にかけて断続的な戦闘が行われる。

発砲の直後、一人の兵士が行方不明だということで緊張が高まったが、彼は20分後には部隊に戻っている。

戦闘の発端はこの発砲だが、日中が軍事衝突に至ったのには伏線がある。前年に起こっていた「西安事件《せいあんじけん》」だ。

中国では抗日運動が激しさを増していたものの、国民政府の蒋介石《しょうかいせき》は抗日運動よりも共産党を倒すことを優先していた。これは日本にとって都合がよかった。内乱に乗じて、中国全土へと進出することも不可能ではなかったからだ。

しかし、抗日を第一と考えていた張学良《ちょうがくりょう》が蒋介石を監禁してしまうという事件が起こる。これが西安事件である。その後、蒋介石と張学良は和解し、共産党の周恩来《しゅうおんらい》とも停戦の合意が成立する。

中国は統一戦線を組んで抗日運動を展開する体制が整い、日本との対決姿勢を強めるようになっていたのである。

蘆溝橋事件そのものは大規模な戦闘というより、小競り合いといったほうが近く、すぐに停戦協定もまとまりかけていた。だが、このささいな事件が、長期にわたる日中戦争への序曲となってしまうのだった。

なぜ日本は泥沼の「日中戦争」に入っていった？

1937（昭和12）年から第2次世界大戦に敗北するまでの8年間、日本は中国本土を舞台とした「日中戦争」を繰り広げることになる。

きっかけとなったのは、前項で取り上げた盧溝橋事件だ。そもそも小競り合いから始まった蘆溝橋事件は数日後に休戦協定が成立しかけていた。日本が盧溝橋から撤兵する、中国は日本に謝罪して責任者を処分するといった内容で、ひとまず事態は終息の方向へ向かっていたのである。

ところが、日本国内では休戦協定が成立した同じ日に中国への派兵を決定していた。派兵に反対する声もあったが、強硬派に押し切られる形となった。陸軍は、あくまでも事件の不拡大を目的とした示威のための派兵だと主張したのである。

派兵決定の報は中国側の態度を硬化させたが、なんとか協定の成立にこぎつける。それを受けて日本国内からの派兵は見送ったものの、すでに進軍を開始したあとだった。こうして、日中戦争は開始されたのである。

暴走する軍部を内閣は抑えることができなかった。戦闘はどんどん拡大していき、やがて多くの悲劇を招くことになる。

「国家総動員法」制定当時の世界情勢は？

日中戦争が開始された翌年の１９３８（昭和13）年、政府は「国家総動員法」を制定する。これは、資金、労働力、物資などすべてのものを政府の一存で動員できるというものだ。しかも、一つひとつを法案として審議して決定するのではなく、勅令という形で公布できるものだった。

国家総動員法が制定されたきっかけのひとつは、日中戦争の泥沼化である。

当初、日本は短期間でこの戦争に決着をつけることができると考えていた。だが、中国は広い。ある場所で勝利しても、また別の場所で反撃が起こる。いくつかの都市を占拠しても、中国軍はゲリラとなって各地で蜂起して粘り強く抵抗を続ける。この繰り返しで、戦争は予想を超えて長引いていったのだ。

戦争の長期化は日本経済を逼迫させた。軍事費は大幅に増額され、物資の供給も軍需品が優先される。

民間に必要な物資が後回しにされたため貿易も減少し、外貨獲得もむずかしくなっていた。政府は戦争に全力を傾けられるように、国民をあげての総力結集作戦を行ったのである。

こうしたキャンペーンは戦争開始直後から始められていた。国民精神総動員運動とよばれる運動を展開し、国民の協力を促していたのだ。挙国一致、国への忠誠心、苦境を耐え忍ぶことなどをスローガンに掲げていた。

また、国家総動員法が制定された背景には、ナチス・ドイツがヨーロッパ諸国を次々とその手中に収めていく姿を見て、戦時下においては彼らのとったような統制経済・計画経済が有効だと考えたということもあげられる。

国家総動員法には議会に反対の声もあったが、ヤジを飛ばした議員は「黙れ!」と一喝されたという。ファシズムを象徴するような一場面だった。

こうして国民たちは軍需産業への労働を強いられ、あらゆる生活物資の困窮に耐えなくてはならなくなったのである。

「ノモンハン事件」が起きた　そもそもの原因は？

清朝の崩壊とともに、モンゴル北部には外蒙古《もうこ》と呼ばれる国ができていた。ここはソ連と国境を接している関係から、ソ連の影響力が強かった。一方、南部は内蒙古と呼ばれるが、こちらは満州国に編入されていた。

一応、こうした枠組みはあったものの、このあたりの国境線ははっきりとしておらず、絶えず小競り合いが起きている場所だった。

満州国は国境をハルハ川だと主張し、外蒙古はハルハ川から東へ十数キロいったノモンハンあたりだと譲らなかったのである。

1939（昭和14）年5月、ついに大きな武力衝突が起きた。3カ月以上に及んだ「ノモンハン事件」である。

発端は、外蒙古の兵士が国境を越えたことだった。一説には兵士は馬に草を食ませていただけで、攻撃を仕掛けてきたわけではないともいうが、国境を越えたという理由で満州国軍はこれを撃退した。

その後、関東軍は大軍を送り込み、それに対抗する形で外蒙古を守る約束を交わしていたソ連軍も大部隊を派遣している。

発端こそ外蒙古と満州国の国境紛争だが、大規模な武力衝突に至る背景には長年にわたる日ソの対立があった。

ノモンハン事件は5月から始まる第1次と、7月に始まった第2次とに大きく分けられる。

5月の戦闘では一時日本軍が有利な状況に立つものの、強力な近代兵器を備えるソ連軍の猛反撃にあった。その後、態勢を立て直した関東軍は、同年7月、リベンジに出て大敗を喫したのである。

日本には、同じようにソ連と対立していたドイツを頼みにする気持ちもあったことだろう。1936(昭和11)年には対ソ戦略である日独防共協定も結んでいた。ところが、1939(昭和14)年8月、ドイツは単独で独ソ不可侵条約を締結してしまったのである。

9月には、ヨーロッパで第二次世界大戦が勃発。それからほどなくして日本はソ連との間で休戦協定を締結したのだった。

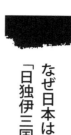

なぜ日本は「日独伊三国同盟」を結んだの？

１９３９（昭和14）年、ドイツのポーランド侵攻により、ヨーロッパでは第二次世界大戦が勃発していた。

日本、ドイツ、イタリアは対ソ戦略として、すでに１９３７（昭和12）年に「日独伊防共協定」を結んでいたが、１９４０（昭和15）年には新たに「日独伊三国同盟」が締結されることになる。アジアとヨーロッパでのお互いの地位を確認し合い、同盟国が戦闘状態に入った場合には政治的・経済的・軍事的に協力するというものだ。

基本的には防共協定の発展形ではあるものの、三国同盟を結成したのにはいくつかの背景が考えられる。

ひとつはノモンハン事件での敗北だ。ソ連の威力をまざまざと見せつけられた日本は北への進出をあきらめ、南方へ勢力を拡大していこうと考えていた。

南方を支配していたのは、イギリス、フランス、オランダなどだ。こうした列強と対抗するためにも、日本を支持する同盟国が必要だった。

また、この時期の三国が国際的に孤立状態になっていたことも関係しているだろう。ドイツはイギリス・フランスと交戦中であり、日本は中国進出をアメリカやイギリスから非難されていた。イタリアはエチオピアへの侵攻で、やはりイギリス・フランス・アメリカなどと対立していたのだ。同じような敵を持つ者同士、寄り集まったというわけである。

この三国が最も警戒していたのはアメリカの動きだ。アメリカが第二次世界大戦に参入してきたら、一国ではとても太刀打ちできない。アメリカの参戦を防ぐためにも強力な同盟関係が必要だった。

こうしてアジアとヨーロッパを結ぶ「枢軸国《すうじくこく》」の連携ができあがったのである。

「大政翼賛会」結成のもとになった新体制運動とは？

1940（昭和15）年10月、日本に新しい官製の組織が生まれた。当時の首相だった近衛《このえ》文麿《ふみまろ》を総裁とした「大政翼賛会《たいせいよくさんかい》」だ。

大政翼賛会が誕生した背景には、いくつかの要因があげられる。

まず、第2次近衛内閣が発足したことだ。近衛は総力戦体制を確立するためには政党が対立している場合ではない、強力な一党体制を作り、資本主義経済を統制計画経済に改革していこうと考え、「新体制運動」を展開していた。

また、政党の力が弱体化したことも理由のひとつだ。犬養毅の暗殺後、政党政治は崩壊し、国会内で政党の発言力も弱まっていた。すでに国民の信頼も失っていて、政党は次々に解散し、新体制運動へと参加していったのだった。

こうして大政翼賛会が結成されると、議会は有名無実のものとなった。また、国民生活は終戦までさまざまな規制を受けることになった。

「日ソ中立条約」を結んだ、それぞれの思惑とは？

日本とソ連は長いこと対立関係にあった。大きな武力衝突も起きており、明治時代には日露戦争を、昭和に入ってからはノモンハン事件を経験している。こうした対立関係に変化が現れたのは１９４１（昭和16）年のことだ。両国の間で、「日ソ中立条約」が結ばれたのである。

日ソ中立条約締結のきっかけのひとつは、１９３９（昭和14）年に結ばれた「独ソ不可侵条約」だ。日独伊の三国はソ連を警戒した日独伊防共協定を結成していたが、ドイツは独自にソ連と手を結んでしまったのである。

これに反発して、しばらくはドイツと距離を置いていた日本だが、改めて日独伊三国同盟が結ばれると、ソ連との関係を見直そうという気運が生まれる。ドイツのようにソ連と不可侵条約を結び、さらには日独伊ソの4カ国による協力体制をつくろうとしたのである。

また、ノモンハン事件での失敗から、ソ連を敵に回したくないという気持ちがあった。満州国境での不安がなくなれば、日本が南方へ進出しやすくなるだろうという意図もあった。

フランスやイギリスから中国へと送られる支援物資のルートを断ち切るためにも、日本はどうしても南方地域を押さえる必要があったのだ。

日本と対立しているソ連も蒋介石に支援物資を補給していた。そのソ連と手を結んでしまえば、このルートを消滅させることが可能だった。ソ連と条約を締結することは、いくつもの利点があったのである。

しかし、北樺太の利権をめぐって、不可侵条約の合意には至らなかった。そこで、やむなく中立条約で手を打ったのである。

真珠湾攻撃にいたるまで日本側では何が起きていた？

１９４１（昭和16）年12月8日未明、日本軍の奇襲による「真珠湾攻撃」が実行された。ついに、アメリカとの全面戦争に突入したのである。

アメリカと戦争を開始すれば、2年しか持ちこたえることはできないだろうと予想されていたにもかかわらず、なぜ日本は真珠湾攻撃を行ったのだろうか。

対米戦争に踏み切らせた理由のひとつは、ＡＢＣＤ包囲網とハル・ノートにあったといえるだろう。

すでに欧米諸国は日本に強い警戒心を抱いていたが、日本がフランス領インドシナへと進駐したことで、彼らの態度が一気に硬化した。アメリカは日本への石油やくず鉄の輸出を禁止、在米の日本資産の凍結も決めたのである。

石油輸入の大半をアメリカに頼っていた日本にとって、これは大きな痛手だった。しかも、イギリス、中国、オランダがアメリカに同調し、日本への制裁を強めたのである。それぞれの国の頭文字をとって、これを「ＡＢＣＤ包囲網」と呼ぶ。

このままでは日本は自滅の道をたどるしかない。これを打開するためには、アメリカと戦うよりほかに方法はないという意見が強まったのである。

しかし一方では、なんとかアメリカとの妥協点を見出すための日米交渉も行われていた。だが、交渉は難航する。

当初、10月上旬までに交渉がまとまらなければ開戦を決行するということになっていたが、半ばになっても話し合いはつかない。近衛文麿内閣は総辞職に追い込まれ、東條英機《とうじょうひでき》内閣が誕生することになる。

そして、11月にアメリカから提示された「ハル・ノート」が決定打となった。それは中国とフランス領インドシナからの日本軍の撤退、満州国の否認など、非常に強硬な内容になっていたのだ。

また、この間に連合艦隊司令長官山本五十六《やまもといそろく》による真珠湾攻撃という奇策が政府に受け入れられた。当初、不可能だと思われていたこの作戦を練りに練り、山本は実行可能なレベルにまで引き上げていたのである。

真珠湾攻撃のために秘密部隊が出発したのは、まさにハル・ノートが提出されるその日だった。日本はまさにハル・ノートを最後通牒と受け取ったのである。

最終的に日本が「ポツダム宣言」を受け入れたのは？

１９４５（昭和20）年8月15日、正午からのラジオ放送で、日本国民は戦争が終結したことを知る。「堪え難きを堪え、忍び難きを忍び」の一節で知られる玉音《ぎょくおん》放送だ。アメリカ・イギリス・中国が署名し、ソ連も同意して発表された「ポツダム宣言」を日本は受諾したのだった。

無条件降伏を呼びかけるポツダム宣言に対して、日本は黙殺という形で抵抗していた。その日本に受諾を決意させたのは、広島・長崎への原爆投下とソ連の対日参戦だった。

真珠湾の奇襲こそ成功したものの、日本の戦況は日に日に悪化していた。ミッドウェー海戦での敗北、サイパンの陥落などに続き、日本本土への空襲も激しさを増していく。

１９４５年の3月には東京が大空襲で焦土と化し、6月には沖縄上陸作戦によっておびただしい犠牲者を出した。

同盟国であるイタリアはすでに2年前に、ドイツも5月には降伏しており、このころには日本だけが抵抗を続けていたのである。

そんな日本への対応や戦後処理について連合国は早くから会談を行っている。

１９４３（昭和18）年には米英中が日本との戦争継続と植民地の独立を約束した「カイロ宣言」を出し、１９４５年２月には米英ソが「ヤルタ協定」を結んで、ドイツ降伏の２〜３カ月後にはソ連が参戦することを決めていた。ソ連が南樺太と千島列島を領有するという条件の前では、日ソ中立条約も効力を発揮しなかったのである。

日本がポツダム宣言受諾を逡巡している間にアメリカは大きな決断を下した。新しく開発した強力な爆弾——原子爆弾を日本で使おうというのである。こうして８月６日、世界で最初の核兵器が広島に投下されたのだ。

ここで即座に決断していれば、さらなる悲劇は避けられただろうが、政府の対応は鈍かった。そのため、８日にはソ連が宣戦布告をして満州や千島列島への進軍を開始する。ソ連には連合国との仲介役になってもらおうと考えていた日本にとって、最後の頼みの綱が断ち切られてしまった。そして、９日には2発目の原爆が長崎に落とされたのである。

これ以上の抵抗は、日本の壊滅を意味していた。軍部には受諾反対を唱える勢力もあったが、もはや一刻の猶予もない。政府は天皇の裁断という形をとってポツダム宣言を受諾したのである。

敗戦から新憲法制定までのドラマとは？

「日本国憲法」は、１９４６（昭和21）年11月3日に公布され、翌年の5月3日から施行された。この憲法は、国民主権・平和主義・基本的人権の尊重を基本としてつくられている。

日本には明治時代につくられた「大日本帝国憲法」があった。それを新しい憲法につくり変えたのは、むろん日本の敗戦がその契機となっている。

戦後の日本は連合国軍の占領下に置かれていたが、実際にはアメリカの単独占領だった。そのため、アメリカの意向に沿った改革が次々と行われていくことになる。そのなかで指揮をとったのは、マッカーサーを最高司令官とするＧＨＱ（連合国軍総司令部）だ。

彼らが大きな目標としていたのが、日本の民主化と非軍事化である。それには基本法である憲法を見直す必要があった。

当初、憲法改正は日本政府の手に委ねられていた。ところが、内閣が提出した草案は、大日本帝国憲法にほんの少し手を加えただけのものだった。ＧＨＱにはとうてい受け入れられるものではなかった。そこで、ＧＨＱは改めて憲法草案を日本政府に提示した。

その内容はあまりにも進歩的すぎて、日本側はひどく驚いたという。しかし、これをもとに日本政府は憲法草案を起草し、日本国憲法として公布されたのである。

日本の国際社会復帰が、敗戦から6年後になったのは？

新しい憲法ができ、さまざまな制度改革が進められたとはいえ、日本が占領下に置かれているという状況は変わらなかった。一日も早く日本の主権を回復したい政府は、アメリカと講和を結ぶ道を模索していく。

この状況が大きく動いたのは１９５１（昭和26）年のことだ。アメリカ・イギリスをはじめとする自由主義国家48カ国と「サンフランシスコ平和条約」が締結されたのである。日本は連合国の占領から解放されて主権を取り戻し、国際社会に復帰することができたのだ。

アメリカが日本の独立に舵を切った背景には、朝鮮戦争の勃発があった。

第二次世界大戦の終結後、世界の覇権をめぐって米ソは次第に対立を深めていった。いわゆる〝冷戦〟である。冷戦は国際情勢に複雑な影を落とし、朝鮮半島では北緯38度線を境にした朝鮮民主主義人民共和国（北朝鮮）と大韓民国（韓国）が生まれることになる。

北朝鮮はソ連が、韓国はアメリカが支持した。１９５０（昭和25）年、朝鮮戦争が勃発するとソ連と中国が北朝鮮を支援し、アメリカは国連軍という形をとって韓国側に回った。

この緊急事態に対してアメリカは日本を占領下に置いておくより、独立させて自由主義陣営の一員とし、アメリカの軍需基地とするほうが有効だと考えたのである。そのため、アメリカは条約の締結を急いだ。

日本国内では早期に講和を結ぶべきだという意見と、社会主義諸国とも一緒に講和を結べる時期まで待つべきだという意見に分かれていた。だが、時の吉田《よしだ》茂《しげる》内閣はサンフランシスコ平和条約締結の道を選んだのである。

また、このとき同時に「日米安保条約」が締結され、引き続きアメリカ軍が日本に駐留することを認めることになった。

[redacted]

冷戦下、「日ソ共同宣言」の調印に至った背景に何がある？

[redacted]

サンフランシスコ平和条約によって自由主義諸国との国交は回復したものの、日本にはまだ社会主義諸国との講和という問題が残されていた。とくに、ソ連は日本の国際連合加盟に反対しており、講和の問題が解決されない限り国連に参加することもかなわなかった。

ようやく日ソ関係がひとまず回復したのは、サンフランシスコ平和条約から5年後の1956（昭和31）年のことである。モスクワで「日ソ共同宣言」が調印されたのだ。

このころ、冷戦の緊張状態がやや緩和されてきたことが、共同宣言のきっかけとなった。前年にはアジア・アフリカの29カ国が相互協力、世界平和、植民地廃止などを共同で表明しており、アメリカ・イギリス・フランス・ソ連の首脳が一同に会した会談も開催されていたのだ。こうした世界情勢の雪解けが背景にあったわけだ。

また、日ソ関係の回復は、鳩山一郎《はとやまいちろう》首相の念願でもあったという。占領時代から長く政権を握っていたライバル、吉田茂との政策の違いを際立たせるために社会主義諸国と国交を回復するというのは大きなポイントだった。

もっとも、調印に至るまでの交渉は平坦なものではなかった。というのも、もともと日本は平和条約を求めていたのだが、北方領土問題で妥協点が見出せなかったのである。そのため、国交回復、内政不干渉、賠償請求の相互放棄などの条件だけで合意し、領土問題は継続審議にするという共同宣言の形におさまった。

これを機に日本は国際連合への加盟が実現したが、北方領土問題は現在に至るまで解決していない。

そもそもなぜ戦後日本は「高度経済成長」を遂げることができた？

戦後、焦土のなかから出発したにもかかわらず、日本経済は50年代後半～70年代にかけて目覚ましい復興を遂げる。この時期、経済成長率は毎年10パーセントを記録し、１９６０年代末にはＧＮＰ（国民総生産）がアメリカに次いで2位になった。

日本がこれほどの「高度経済成長」を成し得たのには、いくつかの理由がある。

最初のきっかけは朝鮮戦争だった。アメリカから軍需品を中心としてさまざまな物資の注文が殺到したのだ。これらは朝鮮特需と呼ばれ、戦争が終結するころには日本の経済は大戦前の水準まで回復していた。

さらには、重工業が成長したこともあげられるだろう。

貿易輸出額が向上した日本は、国際通貨基金や経済協力開発機構にも参加して貿易の自由化も進めたのだ。

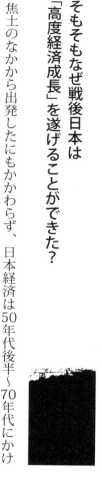

新幹線や地下鉄が開通し、道路が整備され、高層ビルが建ち並ぶようになった日本には、もはや廃虚だった面影はまったくなくなったのである。

日本中を巻き込んで安保闘争が巻き起こった理由とは？

１９５０年代末から１９６０年にかけて日本中を巻き込んだ国民運動が展開された。毎日のように集会が開かれ、デモ隊が抗議活動を行っていたのだ。いわゆる「安保闘争」である。安保闘争は、岸信介《きしのぶすけ》内閣が計画していた日米安全保障条約の改定がきっかけで起こったものだ。

１９５１（昭和26）年に締結された日米安保条約は、たしかに不平等な内容だった。日本にアメリカ軍基地を置くことは確約しているのに、日本を防衛する義務については明記されていないのである。一方、日本で内乱が起こったときには、アメリカ独自の判断でこれを鎮圧することができるようになっていた。

こうした不平等な関係を正すことが日本の国際的地位を高めると考えた岸内閣は、条約改正に乗り出したのである。

アメリカ側との交渉を重ね、１９６０（昭和35）年1月、日米両国は合意に達する。日米安保条約は、「日米相互協力および安全保障条約」（新安保条約）という名に改められた。

そこでは、アメリカは日本を防衛すること、軍事行動の際には日米で事前協議を行うこと、ともに防衛力を高めることなどが定められた。

不平等条約を改めること自体は国民にも異論がなかった。しかし、この内容が物議をかもすことになったのである。

アメリカとこのように手を結ぶことは、社会主義陣営を刺激する。日本が戦争に巻き込まれる危険が高まるのではないかという不安が国民の間に湧き上がったのである。岸内閣を擁する自民党に対抗していた野党も新安保条約に反対の声を上げた。

こうして新安保条約反対の波は全国に広まっていき、大きな社会運動にまで発展したのである。各地でデモ隊と警官隊が衝突し、負傷者も続出した。

これに対し、岸内閣は国会に何百人もの警官隊を導入して条約を可決することを選択した。新安保条約は成立したものの、この一件をきっかけに岸内閣は退陣することになったのだ。

[redacted]

「日韓基本条約」の締結で、日韓が歩み寄った裏事情とは？

[redacted]

日本と韓国の関係修復は長いこと懸案事項になっていた。関係改善のための交渉はサンフランシスコ平和条約締結直後から試みられていたのだが、なかなか進展しなかったのである。

ようやく両国間に国交が樹立するのは、「日韓基本条約」に調印した１９６５（昭和40）年のことだった。

条約締結の背景にはさまざまな要因があるものの、ポイントのひとつには朴正熙《パクチョンヒ》大統領の登場が挙げられるだろう。

朴正熙政権は１９６１（昭和36）年のクーデターによって成立し、その後朴正熙は18年にもわたって政権の頂点に君臨した。

朴正熙政権が重視したのが経済発展だ。北朝鮮に対抗するためには、国力を高めるのが第一だと考えていたからだ。

そんな朴にとって日本の経済力は魅力的だった。

日本の佐藤栄作《さとうえいさく》首相にとっても韓国と親交を深めておくことは大事だった。近隣に社会主義国が存在している状況では、自由主義陣営の結束は欠かせなかったのだ。

ただし、条約に反対する人々もいた。

韓国ではアメリカや日本との軍事同盟に発展するのではないかと危ぶむ声があり、日本では韓国とだけ条約を結ぶことで北朝鮮との関係が悪化するのではないかという懸念があったのである。

そもそも「バブル経済」はどうして起きた？

１９８０年代の後半から１９９１（平成３）年にかけて、日本の景気は実態と離れた過熱ぶりを見せた。一部の人々は高級外車を乗り回してブランド品に身を包み、株や土地や絵画を買いあさった。

いわゆる「バブル経済」である。

資産価値が上がり、景気がよくなること自体は悪いことではないが、しかし日本の実力をはるかに超えてしまったことに問題があった。そもそも景気上昇の経済基盤がないなかで、一気に〝泡〟が膨らんでしぼんでしまったのである。

このバブル経済は、いくつかの要因が重なって起きたものだ。

ひとつは1985（昭和60）年の「プラザ合意」による円高である。アメリカにはドル安政策で貿易赤字を減らそうという目論みがあり、その結果、日本は円高不況に直面する。

景気浮揚のため金利がどんどん引き下げられ、超低金利になっていった。人々はチャンスとばかりに、住宅や土地を購入したり株式投資を行った。

モノは需要があればあるほど、その値段があがっていくのは当然だ。そして、それを売るときにはさらに値が上がっていく。そんな幻想が膨れ上がり、土地、株、マンション、ゴルフ会員権、絵画などを財テク目的で買う人々も増えていった。〝地上げ屋〟が横行したのもこの時期である。

いつのまにか「地価は必ず上がり続ける」という〝土地神話〟が生まれ、誰もがこぞって土地を買いあさるのである。

さらに、こうした状況のなか、銀行は、貸出先を怪しげな中小企業やノンバンクにも広げてしまった。

これらの資金の大半は土地への投機に使われたと見られており、不正融資も多かった。

こうした要素が絡み合い、土地も株も高騰していったのである。

しかし、90年代に入ると、株価の暴落、企業の倒産、不良債権のこげつきなどによって、バブルは文字通り泡のようにはじけてしまったのだった。これは、少子化や急速な高齢化社会の到来により日本の活力が停滞し始めた時期と重なった。

それからの長期にわたる経済低迷は「失われた20年」といわれる（「失われた30年」という見方もある）。

平成から令和へ、日本と世界で何が起きた？

１９８９（昭和64）年1月7日に昭和天皇が崩御して、翌日の1月8日に平成時代の幕が開けた。ちょうどバブル経済の只中で、このころ日経平均株価は史上最高値を記録している。消費税法が施行され、「天安門《てんあんもん》事件」が起こったのもこの年だ。

しかし、前述の通り、ほどなくしてバブル経済は崩壊し、今度は株価の大暴落を招くのである。平成の世は、同時に倹約ムードが漂うようになっていく。その後、週休2日制が本格的にスタートし、１９９３（平成5）年にはサッカー「Jリーグ」が開幕、当時としては画期的なハイブリッド車（プリウス）が登場するのもこのころだ。

しかし、２００１（平成13）年の9月11日、世界中を震撼させる出来事が起きる。アメリカ同時多発テロだ。あの衝撃的な映像をいまだに鮮明に覚えている人も少なくないだろう。テロ防止が強化されるきっかけとなり、アメリカは戦争へと突き進んでいく。

一方、国内では２００９（平成21）年に裁判員制度の適用が開始されている。従来の住民基本台帳に代わる制度で、役所での事務処理の効率化を狙った「マイナンバー制度」がはじまったのもこの年だ。

そうしたなか、格安航空会社が登場し、携帯電話に代わってスマホが日本人の生活形態ばかりではなく、日本の社会や経済システムを根本から変えていく原動力になっている。

平成はまた、阪神・淡路大震災や東日本大震災など自然災害が多い時代でもあった。

——平成の世が幕を閉じ、「令和《れいわ》」の扉が開いたのは２０１９年。２０２０（令和２）年には２回目の東京オリンピック・パラリンピックが開かれる。

特集2

日本史　事件の痕跡を追え！

『日本書紀』が隠そうとした「上宮王家滅亡事件」の〝黒幕〟

◆蘇我入鹿による山背大兄王の暗殺

日本史上、もっとも有名でもっとも謎多き人物ともいえる聖徳太子。その息子・山背大兄王が一族ゆかりの地である斑鳩《いかるが》で命を落としたのは６４３（皇極天皇２）年のことである。これにより聖徳太子の血統はこの世から途絶えた。

この「上宮王家の滅亡」は、古代日本の流れを語るうえでひとつの重要なキーポイントでありながらも、どこか釈然としない事件として語り継がれている。

事の経緯はこうだ。

聖徳太子の死から6年後、女帝・推古《すいこ》天皇が亡くなった。当時、皇位継承者として有力だったのは敏達《びだつ》天皇の孫の田村皇子《たむらのみこ》と山背大兄王である。

だが、このときは有力豪族である蘇我家の惣領・蝦夷《えみし》が後押しした田村皇子が舒明天皇として即位している。

その舒明天皇が亡くなると、今度は妃の皇極天皇が即位した。山背大兄王はこのときも次期天皇に一番近い人物といわれていたが、蘇我氏は舒明天皇の子であり蘇我氏の血を引く古人大兄王子を推挙し、またもや山背大兄王を推す勢力と対立する。

そして、蝦夷の息子で蘇我家の後を継いだ入鹿は斑鳩を急襲し、山背大兄王の殺害を企てるのだ。

一度は生駒山《いこまやま》に逃れた山背大兄王だったが、「戦いを起こして民の命を犠牲にしたくない。ならば自分の命を入鹿に差し出そう」と斑鳩に戻り妻や子ら一族とともに自害したと伝えられる。こうして上宮王家は歴史から姿を消した。これが『日本書紀』に書かれた〝史実〟だ。

これだけをみると、上宮王家の滅亡は権力の基盤をより強固なものにしようとした蘇我入鹿によって引き起こされた悲劇のような印象を受けるが、この話をそのまま鵜呑みにすることはできない。いうまでもなく、この時代の歴史書である『日本書紀』の信憑性に疑問符がつくからである。

たとえば、「乙巳の変」でも触れたように、聖徳太子関連の記録を集めた『上宮聖徳太子伝補闕記』には、山背大兄王を襲った軍勢の中に、のちに孝徳天皇となる軽皇子が加わっていたとある。

また、鎌足に関する伝記『家伝』にも入鹿軍には「軽皇子がいた」と書かれている。しかし、そのことは『日本書紀』ではまったく触れられていないのだ。

こうした理由から、この事件は入鹿の独断ではなく背後に別の大きな力が働いていたのではないかという推測が成り立つのだ。

では、その大きな力とは何か。真っ先に考えられるのはやがて異例の出世を遂げ、蘇我氏にとって代わった藤原氏である。

◆鎌足黒幕説の信憑性

藤原氏の始祖は、ほどなくして起こる大化の改新の立役者・中臣鎌足である。６４

5年、鎌足は、専横が目立っていた蘇我入鹿を殺害した。

『日本書紀』によれば、蘇我氏の横暴ぶりに危機感を抱いた中臣鎌足らが蘇我氏打倒を掲げ、入鹿を殺したのだ。

それと同じロジックで事件を読み込むと、中臣鎌足が上宮王家殺害の汚名を入鹿に押しつけるのも不思議はない。

事実、後世の藤原一族の行動をみても、敵対勢力の内紛を利用してのし上がるのが常套手段である。さらに藤原氏の末裔は法隆寺の祟りを異常に恐れたり、法隆寺が焼失した際には、再建に尽力するなど、山背大兄王の最期の場所にひとかたならぬ気遣いをみせているのだ。

そう考えてみると『日本書紀』における蘇我氏の傍若無人ぶりは、描写が極端であるようにも思える。

よく知られるのは、蝦夷が天皇の許可を得ず勝手に大臣の地位を与えたとか、入鹿が邸宅を「宮門《みかど》」と呼び、自らの子を「王子」と呼んでいたというエピソードだ。

もちろん、いずれも事の真相は定かではないが、これらの描写はあまりにもあからさま過ぎるため「つくり話」ではないかともいわれている。

さらに、気になるのは『日本書紀』の編纂当時の実力者が鎌足の息子である不比等《ふひと》だったという点だ。

これにより、藤原氏の正当性を主張するためには入鹿を必要以上に悪人に仕立て上げる必要があったのではないかという説が成り立ち、ひいては先に挙げた『日本書紀』の信憑性への疑念にもつながるのである。

ほかにも、山背大兄王襲撃の際には入鹿軍の中心人物的存在だった巨勢徳多《こせのとくた》が、入鹿亡き後には鎌足によって重用されるという不可解な人事もある。

▼上宮王家の終焉をめぐる謎

また当の山背大兄王に関しても、民の信頼を集めた人格者と評されるわりには、最期の地となった法隆寺には彼を祀った痕跡がいっさいいない。

さらにいえば『上宮聖徳法王帝説』という文献には、後世になって聖徳太子との血筋を疑うような噂もあったと記述されているのだが、これが何を意味するのかもよくわかっていない。

上宮王家を滅亡させたのは誰で、その最後にはいったい何があったのか。

聖徳太子自身に謎が多いのはよく知られているが、王家の終焉もまた多くの謎に満ちているのである。

「承久の乱」後まもなく急死した北条義時の死因をめぐる〝噂〟

◆北条の執権体制を築いた義時の急死

鎌倉幕府の執権といえば、将軍を補佐し、政務を取りしきる家臣のトップだが、この地位は北条時政以降、北条氏が世襲してきた。

この執権を担う北条氏の嫡流を「得宗《とくそう》家《け》」と呼ぶが、これは2代執権だった北条義時の法名「得宗」に由来している。

義時は頼朝の妻だった政子《まさこ》の弟である。「承久《じょうきゅう》の乱」で後鳥羽上皇を打ち破り、北条氏による執権政治の基礎を築いたとされる人物だ。

ところが、義時はようやく地盤固めができたという1224（元仁《げんにん》元）年に急死してしまう。

死因は脚気衝心といい、脚気による急性の心臓障害である。発病した翌日に息を引き取った。

享年は62歳だったので、当時としてはそれなりに長命だったといえるだろう。ところが、偉大な最高権力者があまりにも突然に死亡したので、その死は暗殺だったのではないかという噂が根強いのだ。

義時は、政治的に衝突した父親を幽閉したり、倒幕を企てて挙兵した後鳥羽上皇《ごとばじょうこう》を流刑にするなど、多くの政敵を封じ込めてきた。こうした義時であれば恨みを持つ者も多数いたはずで、暗殺者に命を狙われても不思議ではない。

実際、近習の侍に刺されたというものから、義時に煮え湯を飲まされた者たちの恨みに祟り殺されたのだというものまで、さまざまな憶測が飛び交った。

こういった暗殺説のひとつに、妻の伊賀《いが》氏が毒殺したというものがある。そして、実際、伊賀氏にはそう見なされるだけの疑惑が存在しているのだ。

◆深まる伊賀氏への疑惑

義時の死から3年後、承久の乱の首謀者のひとりである二位法印尊長《にいのほういんそんちょう》が捕まった。このとき尊長は、「義時の妻が義時に盛ったあの薬で、俺を殺せ」と叫んだというのである。

このエピソードは、藤原定家《ていか》が『明月記』に記したものだ。薬といっても、それで殺せというのだから明らかに毒薬のことを指している。ここから義時毒殺説が広まったのである。

伊賀氏の娘は尊長の兄の妻になっており、伊賀氏とつながりがある尊長の言葉であれば、あながち偽りだとも言い切れないというわけだ。

また、義時は脚気とともに霍乱《かくらん》も起こしたとされている。霍乱は激しい腹痛や下痢、嘔吐などの症状を表す。心臓障害でこれらの症状が引き起こされたとは考えにくいが、何らかの毒が盛られていたのなら納得できる話である。

しかも、伊賀氏には動機があった。

伊賀氏は義時の後妻で、一男一女をもう

けてはいたものの、すでに嫡子である泰時《やすとき》が存在していた。

急死した義時は何も言い残してはいなかったとはいえ、誰もが跡を継ぐのは泰時だと考えていたのである。

しかし、伊賀氏は自分の子どもを後継者にしたかった。そこで、実家の兄たちに協力をしてもらい、娘婿の一条実雅《いちじょうさねまさ》を将軍に仕立て、息子の政村を執権に据えようという計画を立てたのである。

早い話が、伊賀一族による幕府乗っ取り計画だ。

だが、尼将軍の政子のほうが一枚上手だった。すぐさま泰時を執権として就任させ、伊賀氏の陰謀を未然に防いだのである。

結局のところ、義時は病死だったのか、それとも第三者による暗殺だったのか、その真相はわからない。

ただ、義時の死をめぐる周囲の動きをみると、伊賀氏による毒殺説もあながちあり得ない話ではないかと思えるのである。

大久保長安一族を襲った〝悲劇〟、その知られざる真相

◆態度を大きく変えた家康

大久保長安《おおくぼながやす》はもともとは武田《たけだ》氏の家臣だったが、１５８２（天正《てんしょう》10）年に武田氏が滅びると今度は徳川家に召し抱えられ、すぐに頭角を現した。家康が関東に入ると代官頭に抜擢され、江戸幕府草創期における財政問題や産業振興などの重要な仕事で大きな働きをみせている。

「関ヶ原の戦い」以降は、関東はもちろん、信濃、美濃、越後、佐渡など広い範囲で活動し、江戸幕府が開かれると石見、佐渡、伊豆の金山や銀山の開発を手がけて目覚ましい成果を上げ、幕府の財政に大きく貢献した。その後は幕府奉行衆に加えられ、東海道や中山道宿駅制の設置など、大事業に参画している。

長安は、１６１３（慶長18）年に69歳で没しているが、当然その死後には一族が優遇されるのが当然と思われる。ところが、実際はまったくの逆だった。生前はその高い能力を認め、重用していた家康は、態度を１８０度変えてしまったのだ。

まず、長安自身の葬儀が行われなかった。また、莫大な遺産はすべて没収の憂き目に遭っている。さらに7人もいた遺子たちは、切腹。親類縁者は相次いで改易となった。

あまりにも極端な家康の豹変ぶりだが、そこには理由があった。

じつは長安の死後、長安が生前に金銀を隠匿するなどして不正に蓄財していたことが発覚したのだ。これは家康にしてみれば大きな反逆であり裏切り行為である。この一事をもって、長安の生前の功績はすべてなかったことになったのだ。

◆ライバル本多正信が黒幕だったのか？

ただし、これが果たしてどこまで真実なのかはわからない。なかには、もっと別の理由があったのではないかとする説もある。

そんななかでも注目すべきは、ある人物の作意が働いているのではないかという説だ。その人物とは、本多正信《まさのぶ》である。

そのころ幕府の内部では、将軍秀忠の江戸総奉行である大久保忠隣と、駿府の家康のブレーンともいうべき本多正信のふたりが反目しあっていた。その大久保忠隣の庇護を受けていたのが長安だったのだ。

本多正信は、なんとかして忠隣を弱体化したかった。そこで、その一派のなかでもとくに優れた人材である長安に目をつけた。長安の評価を貶めれば当然のことながら忠隣の勢いも弱まる。本多正信は、それを狙ったということになるのだが……。

なお、大久保忠隣も、長安事件の影響で結局は改易され、近江へ追放された。その結果、幕府内の大久保一派は一掃され、本多正信の力が絶対的なものになった。

もし一連のこれらの動きが、本多正信の陰謀によるものだとしたら、その狙いは十分に果たされたことになるのだが、果たして真実はどこにあるのだろうか？

歌舞伎の演目「鈴ヶ森」のもとになった奇妙な心中事件

◆歌舞伎の演目にもなった心中事件

歌舞伎の演目のひとつに『鈴ケ森《すずがもり》』がある。タイトルが示している鈴ケ森とは、かつて品川のあたりにあった鈴ケ森刑場のことだ。

華やかなエンターテイメントとしては少々不似合なタイトルのようにも映るが、当時から江戸っ子の間では人気のある演目で、今でもよく演じられている。

じつはこの演目は、第四代将軍である徳川家綱の治世の江戸で実際に起きた凶悪な連続辻斬り事件と、その後に起きたある心中事件が元になっている。いったいなぜ、そんな事件が歌舞伎の演目になったのだろうか。

辻斬り事件を起こしたのは、鳥取藩士の家に生まれた平井権八《ひらいごんぱち》という男だ。武士の子として生を受けた権八は、まるで女性のように美しい顔立ちをしていた。

しかし、剣の腕前はそれは見事なもので、鳥取を代表する剣豪のひとりとして若いころからその名を広く知られていた。やがては武術指南役として藩に取り立てられ、出世していくことも夢ではなかったはずだ。

ところが、幼いころから血の気が多く、短気だったというその性格が彼の足を引っ張ってしまう。ひょんなことから父を侮辱されたことに腹を立てた権八は、軽口を叩いた父の同僚の家までわざわざ押しかけると、あろうことかその人物を斬り殺したのである。

こうして追われる身となった権八は、すべてを捨てて故郷の鳥取を去ると一路江戸へ向かった。悲劇はこの瞬間から始まったのだ。

江戸に流れついた権八は、渡り徒士《かち》、つまり臨時雇いとして江戸の武家屋敷で下働きをしてどうにか食いぶちをつないでいた。

当時の江戸の町はこのような無頼の浪人たちであふれていた。幕府による大名の改易や転封が各地で相次ぎ、クビを切られた各国の武士たちが浪人となって江戸に集まってきたのだ。

やがて、知り合いもいない江戸で人恋しくなったのだろうか、ようやく稼いだなけなしの金を手に、彼の足は遊郭が立ち並ぶ吉原《よしわら》へと向かっていく。めざしたのは「三浦屋」という遊郭だった。

吉原の三浦屋といえば、吉原通いをする男なら誰でも一度は憧れる高級遊郭だ。逃亡者の身であるとはいえ、はるばる江戸までやってきた権八も一度は名の知れた遊郭の敷居をまたぎたかったに違いない。

そして、権八はこの店でひとりの遊女と運命的な出会いをすることになる。

その遊女は名を小紫《こむらさき》といった。たいそうな美女で、そのうえ頭も切れる。まさに才色兼備を絵に描いたような女性だったという。

男たちがそんな彼女を放っておくはずもなく、金に糸目をつけない大商人や大名がこぞって逢瀬を望んだが、小紫は自分が気に入った男しか相手にしない勝気な性格でも知られていた。

　そんな高嶺の花だった小紫が、何の偶然か権八と出会い、ひと目で相思相愛の仲になったのである。

　そうはいっても、ふたりは客と遊女という間柄でしかない。どれだけ逢瀬を望んでも、ふたりが会うことができるのは吉原という限られた世界だけだった。

　それでも権八は足しげく三浦屋に通うようになるが、しがない臨時雇いとして働いていた権八が毎日のように吉原の〝大店《おおだな》〟に通える大金を持っているはずもない。そうはいっても、小紫に逢うためにはなんとしても金がいる。

　考えるまでもなく権八はその答えを見つけた。自分に金がなければ、金を持っている者から奪えばいい。手っ取り早く金を手に入れるために、権八は辻斬りになっていくのである。

◆金のために辻斬りを繰り返す

　その日から権八は、夜な夜な愛刀を手に江戸の町に現れては、金を持っていそうな者なら誰かれかまわず斬りかかった。そして、手に入れた金で小紫に会うために吉原の門をくぐったのである。

　わずか3年のうちに100人以上を手にかけたという。

　ところが、さすがにそれだけ犯行を重ねれば目撃者のひとりやふたりは出てくるものだ。

　ついに権八の人相書きが出回り、一度は

大坂に逃亡を図ったものの、旅先で病に倒れると観念して奉行所に自首している。

江戸に護送されて厳しい取り調べを受けた権八は、鈴ヶ森の刑場で磔の刑に処せられた。まだ25歳の若さだったという。

ただし、事件はこれでは終わらなかった。

権八の死を知った小紫は、自分のために身を持ち崩したようなものだと昼も夜も泣き続けた。そして、権八の初七日を迎えた日、小紫は人知れず吉原を抜け出す。向かった先は目黒に建てられた権八の墓だった。

翌日、権八の墓の前で、すでに息絶えた小紫が発見された。小紫は用意してきた短刀で自分の胸を突き、権八のもとへ旅立ったのである。血にまみれた小紫の顔は、驚くほど安らかだったという。

辻斬り犯と売れっ子の遊女という美男美女の死はまたたくまに江戸中に知れわたることになった。

義理人情に厚い江戸っ子たちの間でこの悲恋譚は語り草となり、やがてこの話を元にした戯曲が書かれ、歌舞伎や浄瑠璃《じょうるり》として演じられたのである。

東京都目黒区にある目黒不動尊の近くには、当時の人々がふたりの供養のために建てたといわれている比翼塚《ひよくづか》が今でも残っている。

小紫は、自分が愛した男がじつは江戸中を震え上がらせた辻斬りの犯人で、しかも人を殺して奪った金で自分に会いに来ていることに気づいていたのだろうか。

それとも、最愛の小紫に心配をかけまいとした権八が最後まで嘘をつき続けたのだろうか。

攘夷派の急先鋒・姉小路公知は なぜ薩摩の刺客に襲われたのか

◆有力な容疑者だった薩摩の刺客

あくまでも攘夷の立場を貫く朝廷のなかにあって、攘夷派の急先鋒としてひときわ存在感を放っていたのが、姉小路公知《あねこうじきんとも》である。

1858（安政《あんせい》5）年に「日米修好通商条約」に反対すると、それ以降攘夷派として積極的に活動し、幕府への攘夷督促の使者として三条実美《さんじょうさねとみ》とともに江戸に赴き、勝海舟《かつかいしゅう》らと江戸湾岸視察を行うなどして頭角を現わしていった。

ところが、1863（文久3）年5月20日、姉小路は暗殺されてしまう。

場所は京都だ。深夜に御所を退出した姉小路は、朔平門《さくへいもん》の外に出たところを暗殺者に襲われたのだ。

斬られはしたがその場で絶命しなかった姉小路は、相手の太刀を奪い、やっとの思いで自宅に戻る。しかし出血がひどく、結局はそこで事切れてしまうのだ。

朝廷にとって、この暗殺事件は衝撃だった。姉小路は攘夷派として大きな働きが期待されていただけに、その痛手は大きく、当然のことながら犯人探しに躍起になった。

手がかりはあった。姉小路が犯人から奪った刀である。それが薩摩風のつくりをしていたことから、薩摩藩による仕業ではないかと考えられた。

そして調べていくうちに、薩摩藩きっての刺客として知られる田中新兵衛《たなかしんべい》のものだと判明する。

薩摩藩ということで、朝廷ではなく京都守護職松平容保《まつだいらかたもり》の会津《あいづ》藩に対して田中新兵衛を捕らえるように命令が下された。ところが、田中新兵衛は暗殺事件に関して自分はいっさい関わっていないと否定する。そこで、姉小路が持ち帰った刀を見せると、その場で自害してしまう。

決定的な容疑者だった田中が自殺したことで、この事件は田中の犯行として片がついたように思われた。

ではなぜ、薩摩の田中が姉小路を襲ったのか。ひとつ考えられるのは、姉小路の態度の変化である。

じつは姉小路は暗殺される少し前に勝海舟から西洋製の軍艦を見せられた。日本の軍艦に比べてあまりにも威力が違いすぎるという現実を目の当たりにした姉小路は、それまでのような攘夷運動では通用しないことに気がついたといわれる。

しかし、それは薩摩藩からみれば、姉小路が転向したという裏切り行為に見えただろう。そこで血気盛んな田中が暗殺を実行したというわけである。

それは、ごく自然な成り行きのように思われた。しかし疑問もあった。田中は「人斬り新兵衛」と恐れられたほどの剣の達人だった。そんな田中が、姉小路を一刀で殺すことができず、しかも刀を奪われるといったことがあるのだろうか。それはあまりにも不自然に思われた。

そこから出てきたのが、じつは他に黒幕

がいるのではないかという説だ。

◆姉小路は変節した裏切り者だったのか？

まず、同じ公家である大原重徳《おおはらしげとみ》説である。かつてライバル同士だったふたりだが、姉小路が大原を追い落としたことがあったのだ。それを恨んでの復讐劇ではなかったのかという考え方だ。

また、幕府犯行説もある。ちょうどその時期に徳川家茂《やかもち》が京都にいたからである。家茂は早く江戸に帰りたいと思っていたが、姉小路がなにかと邪魔をして京都を離れることができなかった。そこで幕府が暗殺者を雇ったという考え方だ。

さらに、姉小路暗殺の原因は、姉小路自身の公武合体への動きにあったのではないかという説もある。

じつは姉小路には協力者がいたといわれる。親戚の小笠原長行《おがさわらながみち》だ。小笠原は江戸から船で兵を大坂に運び、大坂上陸の後に京都に攻め込んで尊王攘夷派を打倒して一気に公武合体を実現させようとしたといわれる。

何者かがその計画を阻止しようとして、首謀者の姉小路を暗殺したというわけだ。じつは、姉小路が殺されて数日後、小笠原が大坂から上陸しているもののすぐに捕えられ、禁固刑を受けているのだ。

そのことから、姉小路の公武合体クーデター阻止のための幕府による暗殺だったという説が生まれたわけだ。

「坂本龍馬暗殺事件」が引き金になったもうひとつの殺傷事件

◆龍馬の死が飛び火した天満屋事件

誰が龍馬を殺したのか――。幕末の動乱期を駆け抜けた坂本龍馬《さかもとりょうま》が暗殺されたのは、慶応《けいおう》3（1867）年の秋のことだった。

暗殺の実行犯は、現在では京都見廻組《みまわりぐみ》の佐々木只三郎《ささきたださぶろう》らであったという説が有力とされているが、その動機など事件の詳細については明らかになっていない。龍馬の死は、いまだに日本史における大きな謎のひとつといわれている。

そして、この暗殺事件が意外な形で飛び火して、龍馬の死から1カ月も経たないうちにある殺傷事件が起きたのである。

その事件の中心メンバーのひとりに陸奥《むつ》陽之助《ようのすけ》という青年がいた。のちに明治政府で大臣の職を歴任し、辣腕《らつわん》を振るうことになる若き日の陸奥宗光《むねみつ》である。それにしてもなぜ、それほどの人物が物騒な事件を起こしたのだろうか。

龍馬暗殺という大事件の陰に隠れるかのように、歴史の教科書などではあまり取り上げられることがない「天満屋事件《てんまやじけん》」の真相を探ってみる。

◆陸奥宗光と紀州藩の確執

事件について語る前に、まずは陸奥がど

のような人物だったのかに触れねばなるまい。

陸奥は紀州藩士の子として天保《てんぽう》15（1844）年に生を受けた。父は紀州藩の勘定奉行を務めたほどの人物だったが、権力争いに敗れて失脚する。幼い陸奥も家族と共に城下を追われる羽目になった。

父が幽閉を申しつけられたという話を聞きつけた9歳の陸奥は、刀を手にすると父の仇を取ると言って家を飛び出そうとしたというから、幼いころから負けん気の強さは人一倍だったようだ。

その後、各地を転々とした陸奥は、最終的には脱藩して家族と京都で暮らすようになる。このときに坂本龍馬と出会い、龍馬と行動を共にするようになったことが陸奥の人生を変えたのだ。

陸奥は龍馬も籍を置いていた神戸の海軍操練所で高度な操船技術などを学び、操練所が閉鎖されると龍馬や仲間たちと亀山社中《かめやましゃちゅう》、のちの海援隊《かいえんたい》に参加している。陸奥の資質を見抜いた龍馬は彼を高く評価し、また陸奥もそれに応えて龍馬の右腕となって働いたのである。

ところが何の因果か、海援隊と彼の故郷である紀州藩との間にトラブルが起き、これが天満屋事件の遠因になってしまうのだ。

◆事件の伏線となった蒸気船同士の衝突事故

亀山社中は土佐藩の支援を受けると海援隊を名乗り、船舶による輸送業を生業《なりわい》とする商社のような組織になった。

ところが、海援隊は最初の航海で大事故

に遭遇してしまう。彼らが操る蒸気船いろは丸は、長崎から大坂への航海の途中、瀬戸内海六島沖で紀州藩の藩船と衝突して沈没したのだ。濃霧による視界不良が引き起こした、日本初の蒸気船同士の衝突事故だった。

紀州といえば天下の徳川御三家の一角である。脱藩浪士の集まりにすぎなかった海援隊がおよそ歯向かえる相手ではない。ところが、彼らは紀州藩の非を訴えて賠償金を請求したのである。

このときに交渉の席に就いたのが龍馬と陸奥で、彼らは「万国公法《まんこくこうほう》」、つまり国際法に基づいて採決を下すことを提案した。そうして大藩相手に一歩も引くことなく、圧倒的に不利な状況をみごとに覆すと、多額の賠償金を巻き上げたのだ。

事故が起きたのは慶応3（1867）年4月。そして、このわずか半年後に龍馬は暗殺されている。龍馬を師のように仰いだ陸奥の落胆ぶりはどれほどのものだったろうか。

当時、龍馬の暗殺は京の町で殺戮を繰り返した新選組によるものではないかと噂されたが、陸奥には心当たりがあった。彼は、いろは丸事件の恨みを根に持った紀州藩の仕業だと断定したのである。

陸奥にとって紀州藩は、故郷であると同時にかつて自分と家族を追いやった憎き相手でもあったのだ。

◆新選組を相手にすさまじい斬り合いとなる

陸奥ら海援隊の面々は、紀州藩の中でも

佐幕派として名を馳せていた三浦休太郎《みうらきゅうたろう》と、いろは丸事件のときに賠償の交渉に当たった三宅精一《みやけせいいち》を暗殺事件の首謀者とみて、京の町で報復の機会をうかがっていた。

やがて、師走のある夜に両名が三浦の定宿である西本願寺門前の天満屋で宴席を開くという情報を聞きつけると、天満屋の襲撃を決意する。

一方、身の危険を感じた三浦らは会津藩を通じて新選組に身辺警護を依頼する。新選組からは隊士の中でも一、二を争う腕前といわれた斎藤一《さいとうはじめ》以下7名が刺客の襲撃に備えてその日も天満屋に出向いていた。

こうして、捨て身の覚悟で天満屋に斬り込んだ陸奥たちと、紀州藩士、さらに新選組との間で激しい斬り合いが始まったのである。

斬り合いは短時間で終わり、陸奥らは三浦に傷こそ負わせたものの、結局討ち漏らしたまま夜の闇に散った。事件は新選組、海援隊双方に死者を出して幕引きとなっている。

ちなみに、この天満屋事件が京都市街で新選組が刀を振るった最後の事件になったといわれている。彼らが「鳥羽《とば》・伏見《ふしみ》の戦い」で旧幕府軍の一員として薩長の連合軍を相手に戦い、奮戦むなしく敗走するのはこの事件からわずか数週間後のことである。

一方の陸奥は幕末を生き抜き、新時代を迎えると岩倉具視《いわくらともみ》に認められて明治政府の要職に就いてる。そして明治25（1892）年には外務大臣として、伊藤博文内閣への入閣を果たした。

◆参考文献

『江戸時代論』（佐々木潤之介／吉川弘文館）、『幕末バトル・ロワイヤル』（野口武彦／新潮社）、『物語 江戸の事件史』（加太こうじ／中央公論新社）、『幕末史』（半藤一利／新潮社）、『江戸時代の国家・法・社会』（山本博文／校倉書房）、『早わかり江戸時代・時代の流れが図解でわかる！』（河合敦／日本実業出版社）、『歴史のなかの天皇』（吉田孝／岩波書店）、『藤原氏千年』（朧谷寿／講談社）、『君臨する天皇』（武光誠／文藝春秋社）、『藤原氏の謎』（邦光史郎／光文社）、『日本の中世8 院政と平氏、鎌倉政権』（上横手雅敬・元木泰雄・勝山清次／中央公論新社）、『日本の中世11 戦国乱世を生きる力』（神田千里／中央公論新社）、『北条時宗とその時代』（工藤敬一／平凡社）、『図説 太平記の時代』（佐藤和彦編・工藤敬一・遠藤巌・錦昭江／河出書房新社）、『日本合戦事典』（今川徳三・高橋貢・志村有弘・松本寧至・高橋政清・矢代和夫／叢文社）、『ペリー来航』（三谷博／吉川弘文館）、『日本の近代1 開国・維新』（松本健一／中央公論社）、『日本の近代2 明治国家の建設』（坂本多加雄／中央公論社）、『日本の近代3 明治国家の完成』（御厨貴／中央公論新社）、『日本の近代4「国際化」の中の帝国日本』（有馬学／中央公論新社）、『日本の近代5 政党から軍部へ』（北岡伸一／中央公論新社）、『日本の近代6 戦争・占領・講和』（五百旗頭真／中央公論新社）、『日本の近代7 経済成長の果実』（猪木武徳／中央公論新社）、『日本の近代8 大国日本の揺らぎ』（渡邉昭夫／中央公論新社）、『日本の歴史ジュニア版4 明治・大正・昭和』（高木卓・福田清人／読売新聞社）、『読める年表・日本史』（自由国民社）、『日本史事典』（藤野保編集代表／朝倉書店）、『見る・読む・わかる日本の歴史4 近代・現代』（朝日新聞社）、『日本経済を学ぶ』（岩田規久男／筑摩書房）、『戦後史大事典 増補新版』（佐々木毅・鶴見俊輔・富永健一・中村政則・正村公宏・村上陽一郎編著／三省堂）、『号外でわかる日本近代史』（羽島知之監修・ベストブック編集部編著／ベストブック）、『ジュニア版 日本の歴史1 日本のなりたち』（永原慶二・青木和夫・佐々木潤之介／読売新聞社）、『古墳の語る古代史』（白石太一郎／岩波書店）、『謎とき「日本」誕生』（高森明勅／筑摩書房）、『面白いほどよくわかる古代日本史』（鈴木旭／日本文芸社）、『日本古代史の謎・総解説』（井上辰雄ほか／自由国民社）、『日本の誕生』（吉田孝／岩波書店）、『100問100答・日本の歴史2 原始・古代』（歴史教育者協議会編／河出書房新社）、『古都発掘』（田中琢編／岩波書店）、『藤原京の形成』

（寺崎保広／山川出版社）、『和同開珎』（藤井一二／中央公論社）、『日本の歴史』（児玉幸多・五味文彦・鳥海靖・平野邦雄／山川出版社）、『日本史B』（三省堂）『大江戸長屋ばなし』（興津要／ＰＨＰ研究所）、『数字で読むおもしろ日本史』（淡野史良／日本文芸社）、『和同開珎古代貨幣事情をさぐる』（藤井一二／中央公論社）、『江戸のまかない大江戸庶民事情』（石川英輔／講談社）、『日本の歴史名場面１００』（童門冬二／三笠書房）、『「お金の知識」に強くなる本』（西野武彦／ＰＨＰ研究所）、『日本の歴史１０１の謎』（小和田哲男／三笠書房）、『大江戸生活事情』（石川英輔／講談社）、『歴史雑学事典 日本編』（毎日新聞社編／毎日新聞社）、『もういちど読む山川日本史』（五味文彦・鳥海靖編／山川出版社）、『奈良の大仏をつくる』（石野亨／小峰書店）、『お金でさぐる日本史I』（松崎重広／国土社）、『日本史探訪4 大仏開眼と平安遷都』（角川書店編／角川書店）、『古典でたどる日本サラリーマン事情』（山口博／ＰＨＰ研究所）、『平城京に暮らす』（馬場基／吉川弘文館）、『理解しやすい日本史B』（井上満郎・藤田覚・伊藤之雄共著／文英堂）、『江戸の宿 三都・街道泊事情』（深井甚三／平凡社）、『江戸食べもの誌』（興津要／朝日新聞社）、『「衣・食・住・楽」暮らしの日本史99の謎』（桑原茂夫／講談社）、『大江戸世相夜話』（藤田覚／中央公論新社）、『江戸商人の経済学』（童門冬二／丸善）、『日本の中世寺院』（伊藤正敏／吉川弘文館）、『江戸の高利貸』（北原進／吉川弘文館）、『花の大江戸風俗案内』（菊池ひと美／筑摩書房）、『江戸物価事典』（小野武雄編著／展望社）、『吉田松陰 松下村塾の指導者』（福川祐司／講談社）、『さまざまな生業 いくつもの日本Ⅳ』（赤坂憲雄・中村生雄・原田信男・三浦佑之編／岩波書店）、『貨幣なぜなぜ質問箱』（大蔵省印刷局編／大蔵省印刷局）、『あっと驚く！「値段」の日本史』（宝島社）、『お江戸の意外な「モノ」の値段』（中江克己／ＰＨＰ研究所）、『貨幣の日本史』（東野治之／朝日新聞社）、『「円」の誕生』（坂本藤良／ＰＨＰ研究所）、『江戸幕府・破産への道』（三上隆三／日本放送出版協会）、『北海道を開拓したアメリカ人』（藤田文子／新潮社）、『奥州藤原王朝の謎』（中江克己／河出書房新社）、『お江戸の意外な生活事情』（中江克己／ＰＨＰ研究所）、『詳説日本史 日本史B』（石井進・五味文彦・笹山晴生・高埜利彦ほか／山川出版社）、『寺社勢力の中世 無縁・有縁・移民』（伊藤正敏／筑摩書房）、『海外貿易から読む戦国時代』（武光誠／ＰＨＰ研究所）、『大名たちの構造改革』（谷口研語・和崎晶／ベストセラーズ）、『明治・大正・昭和の世相史 上巻』（山路健／明治書院）、『大江戸えころじー事情』（石川英輔／講談社）、『逆説の日本史15 近世改革編』（井沢元彦／小学館）、『大正期の家庭生活』（湯沢雍彦／クレス出版）、『日本の歴史04 平城京と木簡の世紀』（渡辺晃宏／講談社）、『日本の歴史集英社版6 王朝と貴族』（朧谷寿／集英社）、『日本の歴史集英社版19　帝国主義と民本主義』（武田晴人／集英社）、『日本の近代7　経済成長の果実』（猪木武徳／中央公論新社）、『新体系日本史12　流通経済史』（桜井英治・中西聡編／山川出版社）、『江戸時代を探検する』（山本博文／新潮社）、『お江戸吉原ものしり帖』（北村鮭彦／新潮社）、『おもしろ大江戸生活百科』（北村鮭彦／新潮社）、『江戸の金・女・出世』（山本博文／角川学芸出版）、『なぜ、江戸の庶民は時間に正確だったのか？』（山田順子／実業之日本社）、『江戸の橋』（鈴木理生／三省堂）、『江戸文化歴史検定テキスト【初級編】大江戸見聞録』（江戸文化歴史検定協会編／小学館）、ほか

（ホームページ）

財団法人京都産業21、牧之原市、白瀬南極探検隊記念館、デーリー東北新聞社、京都国立博物館、「和同開珎」、日経ビジネスオンライン、奈良NPOセンター、年収ラボ、平均年収、ビバ！江戸、千野隆司の「時代小説の向こう側」、京都観光ナビ、歴史の扉、歴史のヒロイン&列伝、日本銀行金融研究所貨幣博物館、すみだあれこれ、学習教材の部屋、図解福井県史近世19、朝日放送、goo マネー、CO-OP 共済、中世歩兵研究所、滋賀大学産業共同研究センター、国税庁、第一回足軽辻拾番サロン、横浜市立図書館、富士経済グループ、企業家人物辞典、今日は何の日、有限会社 セントラル・スコープ、農林水産省、職業ガイド、蔵人会計事務所、財団法人角屋保存会、第一生命保険株式会社、日本の人事部、日刊スポーツ、米原市、日本流刑史、テレビ東京、戦国観光やまがた情報局山形おきたま観光協議会、コインの散歩、ほか

※本書は、小社より刊行した下記の本を新たに編集したものです。
『きっかけの日本史』（2009）、『ここが一番おもしろい日本史のお値段』（2010）、『歴史の舞台裏がわかるライバルの顚末』（2011）、『暗黒の日本史』（2006）、『日本人が知らなかった歴史の黒幕』（2010）、『日本史　暗黒のミステリー』（2012）

編者紹介

歴史の謎研究会
歴史の闇にはまだまだ未知の事実が隠されたままになっている。その奥深くうずもれたロマンを発掘し、現代に蘇らせることを使命としている研究グループ。
本書では、日本史がもっと面白くなる裏話を集めに集めた。読むだけで、古代から現代まで、2000年に及ぶ日本史のツボを総まくりできる。面白くて、深くて、ためになる大人のための歴史教室！

日本史《にほんし》の「なぜ？」を解《と》く200の裏事情《うらじじょう》

2019年9月30日　第1刷

編　者　歴史《れきし》の謎研究会《なぞけんきゅうかい》

発行者　小澤源太郎

責任編集　株式会社プライム涌光
電話　編集部　03(3203)2850

発行所　株式会社青春出版社
東京都新宿区若松町12番1号〒162-0056
振替番号　00190-7-98602
電話　営業部　03(3207)1916

印刷・大日本印刷　製本・ナショナル製本

万一、落丁、乱丁がありました節は、お取りかえします

ISBN978-4-413-11301-4 C0021